원서발췌

고용, 이자 및 화폐에 관한 일반이론

고전 명작을 읽는 가장 쉬운 길, ‘지식을만드는지식 원서발췌’

축약, 해설, 리라이팅이 아닙니다. 원전의 핵심 내용을 문장 그대로 가져옵니다. 작품의 오리지낼리티를 가감 없이 느낄 수 있습니다.

두껍고 읽기 어려워 책장을 덮어 버리곤 했던 고전을 발췌합니다. 해당 작품을 연구한 전문가가 작품의 정수를 가려 뽑아냅니다. 핵심만 읽기 때문에 더 빠르게 더 많은 고전을 읽을 수 있습니다. 제외된 부분은 중간중간 친절하게 요약 설명합니다. 풍부한 해설과 주석으로 전체 내용을 파악하는 데 무리가 없습니다. 정확한 번역, 적절한 윤문으로 10대에서 80대까지 누구나 쉽게 읽을 수 있습니다. 콤팩트한 사이즈와 분량이므로 간편하게 휴대할 수 있습니다. 수천 쪽의 고전을 발췌된 내용으로 읽고도 전체 의미를 파악할 수 있는 것이 지식을만드는지식 원서발췌의 매직입니다. 발췌율은 표지에 표시하고 발췌 방법은 일러두기에 상세히 밝힙니다.

고전 독자를 발췌 읽기에서 완역 읽기로, 더 나아가 원전 읽기로 안내합니다. 바쁜 현대인들에게 새로운 고전읽기 방법을 제시합니다.

원서발췌
고용, 이자 및 화폐에 관한 일반이론

The General Theory of Employment,
Interest and Money

존 케인스(John M. Keynes) 지음
박만섭 옮김

대한민국, 서울, 지식을만드는지식, 2026

편집자 일러두기

- 이 책은 1973년 영국왕립학회가 주관하고 맥밀런 출판사에서 출판한 《존 메이너드 케인스 총서(The Collected Writings of John Maynard Keynes)》의 제7권, 《고용, 이자 및 화폐에 관한 일반이론(The General Theory of Employment, Interest and Money)》에서 부록을 제외하고 본문의 3분의 1 정도를 발췌한 것입니다.
- 원전의 주석은 원전을 그대로 옮겼으며, 옮긴이가 단 주석은 '옮긴이 주'로 표시했습니다.
- 본문의 굵은 글씨는 원전에 따랐습니다. 또한 해설의 굵은 글씨는 옮긴이가 강조한 것입니다.
- 괄호가 중복될 때, 옮긴이가 독자의 이해를 위해 첨가한 어구가 있을 때는 [ ]를 사용했습니다.
- 외래어 표기는 현행 한글어문규정의 외래어표기법을 따랐습니다.
- 이 책은 2011년 5월 11일 한정판 '고전선집' 시리즈로 처음 출간했습니다. 2012년 9월 28일 표지를 바꿔 '천줄읽기' 시리즈로 다시 출간했다가 이번에 '원서발췌' 시리즈로 옮겨 출간합니다.

차례

제4책 투자 요인

제5책 화폐임금과 물가

제6책 일반이론이 제시하는 단편적 사상들

고용, 이자 및 화폐에 관한 일반이론

서문

이 책이 주로 대상으로 하는 독자는 나의 동료 경제학자들이다. 나는 다른 사람들에게도 이 책이 이해될 만한 것이기를 바란다. 그러나 이 책의 제일 목적은 이론상의 난점들을 다루는 것이고, 이 이론을 현실에 적용하는 일은 부차적일 뿐이다. 정통파 경제학에 하자가 있다면, 그 하자는 상부구조에서 발견되지 않을 것이다. 상부구조는 논리적 일관성을 이루기 위해 매우 조심스럽게 구축되었기 때문이다. 그 하자는 이론적 전제들이 명확성과 일반성을 결여한다는 사실에서 찾아져야 한다. 따라서 고도의 추상적 논증과 수많은 논쟁을 거치지 않고서는, 경제학자들에게 자신의 기본 가정들 중 일부를 비판적으로 재검토하도록 설득하려는 나의 목적은 달성될 수 없다. 논쟁이 더 적을 수 있었으면 하는 것이 나의 바람이다. 그러나 나는 내 관점을 피력하는 것뿐만 아니라 그 관점이 현재의 주도적 이론과 어떤 점에서 다른지를 보이는 것도 중요하다고 생각했다. 내가 '고전학파 이론'이라 부를 이론에 강력하게 연결되어 있는 사람들은 내가 크게 틀렸다고 믿거나 혹은 내가 전혀 새로운 것을 이야기하고 있지 않다고 믿는 두

행태 사이를 오갈 것이라 예상된다. 이 두 믿음이 옳은지 아니면 제3의 믿음이 옳은지는 독자들이 결정할 것이다. 나의 논쟁적인 문구들은 이 결정에 대한 해답의 재료를 제공하는 것을 목표로 한다. 극명한 대조를 추구하는 과정에서 나의 논쟁이 그 자체로 너무 날카롭다면 독자들의 용서를 구한다. 나 자신은 지금 내가 공격하는 이론들을 오랫동안 견지했고, 그 이론들이 갖는 강점들을 모르지 않는다고 생각한다.

내가《화폐론》[1])을 쓰기 시작했을 때, 나는 아직도 화폐의 영향이 수요와 공급의 일반이론과는 독립된 그 무엇이라고 생각하는 전통적인 사고의 방향을 따르고 있었다. 그 책을 마쳤을 때 나는 화폐 이론을 [수요와 공급의 일반이론으로] 밀어 넣어 경제 전체의 산출량 결정 이론이 되도록 하는 방향으로 어느 정도 진전을 이루었다. 그러나 [《화폐론》에서] 나는 산출 수준의 **변화**가 끼치는 영향을 철저히 다루는 데 실패했다. 나의 소위 '기본 방정식'은 산출량이 주어져 있다는 가정 아래 찍은 한 순간의 사진이었다. 기본 방정식은 산출량이 주어져 있다는 가정에서 이

1)《화폐론(Treatise on Money)》: 케인스가 1930년 두 권으로 발간한 화폐에 관한 이론서.(옮긴이 주)

윤 불균형과 관련된 힘들이 어떻게 전개되는지를 보이려 했고, 이를 위해서는 산출 수준의 변화가 필요했다. 그러나 한순간의 사진과 구별되는 동학적 발전은 불완전하고 극도로 혼동된 상태로 남아 있었다. 반면 이 책은 경제 전체의 산출과 고용의 규모 변화를 결정하는 힘들에 대한 연구로 진화했다. 화폐가 본질적이고 특별한 방식으로 경제 체계와 관련됨이 밝혀지는 반면, 화폐의 기술적 면모들은 배경 뒤로 숨겨졌다. 앞으로 보게 되겠지만 기본적으로 화폐경제는 미래에 대한 관점 변화가 고용의 변화 방향뿐만 아니라 고용량 자체에 영향을 줄 수 있는 그런 경제다. 그러나 미래에 대한 관점 변화가 끼치는 영향 아래 현재의 경제가 어떻게 행동할 것인가를 분석하는 우리의 방법은 공급과 수요의 상호작용에 의거하는 방식이고, 그럼으로써 우리의 기본적인 가치 이론과 연결된다. 이렇게 해서 우리는 우리에게 친숙한 고전학파 이론을 특별한 경우로 포함하는 좀 더 일반적인 이론에 도달한다.

이 책의 구성은 필자에게는 탈출을 위한 오랜 투쟁, 습관적인 사고와 표현의 양태로부터 탈출하려는 투쟁이었다. 대부분의 독자에게도 그들에 대한 필자의 공격이 성공적이려면 이 책을 읽는 것이 그런 투쟁이어야 할 것이다. 여기서 매우 공들여 제시되는 사고들은 극히 간단한 것이고, 모두에게 자명할 것이라 믿는다. 새로운 아이디어가 어려운 것이 아니다. 우리 대부분이 받아 온 것 같은 교육을 받은 사람들에게는 사고의 구석구석에 파고들어 있는 과거의 관념으로부터 탈출하는 일이 어려운 것이다.

제1책
서론

제1장 일반이론

나는 이 책을 《고용, 이자 및 화폐에 관한 일반이론》이라 부르기로 했다. 여기서 나는 '**일반**'이라는 수식어를 강조한다. 책 제목을 이렇게 정한 목적은 나의 주장이 지닌 성격과, 동일한 주제에 관한 **고전학파** 이론의 주장이 이끄는 결론을 대조하기 위함이다. 고전학파 이론은 내가 교육받은 기초이기도 한데, 지난 100년 동안 그랬듯이 현 세대의 지배 계급과 학자 계급에서 실용적이건 이론적이건 모든 경제적 사고를 지배하는 이론이다. 나는 고전학파 이론의 공준들이 특별한 경우에만 적용되고 일반적인 경우에는 적용되지 않는다고 주장할 것이다. 고전학파 이론이 상정하는 상황은 발생 가능한 균형 상태 중 하나의 극단점이다. 더군다나 고전학파 이론이 상정하는 특별한 경우의 성질은 우리가 실제로 살고 있는 경제사회의 성질이 아니다. 그 결과 고전학파 이론의 가르침은 사람들을 그릇된 방향으로 이끌고, 만일 사람들이 그 이론을 경험적 사실에 적용하려 한다면 커다란 파국적 결과로 이어질 것이다.

제2장 고전학파 경제학의 공준들

가치와 생산 이론에 관한 저술 대부분이 주로 관심을 갖는 일은 사용하는 양이 **주어져 있는** 자원을 서로 다른 용도에 분배하는 일, 그리고 이 주어진 양이 [모두] 사용된다는 가정 아래 각 자원에 돌아가는 상대적 보수와 그 자원으로부터 생산되는 생산물의 상대적 가치를 결정하는 조건을 밝히는 일이다.

또 **사용 가능한** 자원의 양의 문제는 고용할 수 있는 인구의 규모, 자연적 부의 크기, 그리고 축적된 자본 설비라는 의미에서 종종 서술적으로 다루어졌다. 그러나 사용 가능한 자원의 실제 고용이 어떻게 결정되는가에 관한 순수 이론이 상세하게 다루어진 적은 거의 없다. [자원 고용의 변동에 관한] 근본적 이론은 단순하고 자명하다고 생각되어 왔기에, 좋게 말해서, 거의 언급되지 않았던 것이다.

단순하고 자명하다고 간주되어 온 고전학파의 고용 이론은 두 개의 근본적 공준에 기초해 있다.

1. 임금은 노동의 한계생산물과 같다.

다시 말해서, 고용된 한 개인의 임금은 고용이 한 단위 감소할 경우 상실될 가치와 같다(이 가치는 산출량 감소로 인해 피할 수 있을 모든 다른 비용을 감한 가치다).

2. 일정량의 노동이 고용될 때 임금의 효용은 그 고용량의 한계비효용과 같다.

다시 말해서, 고용된 한 개인의 실질임금은 실제로 고용된 노동량이 노동시장에서 거래되도록 하기에 (고용된 개인들 자신의 추정에 따라) 정확하게 충분한 수준이다.

이 공준은 '마찰적' 실업이라 부를 수 있는 실업과 양립할 수 있다. 왜냐하면 이 개념을 현실적으로 해석할 때, 여러 종류의 부정확한 조정들로 인해 연속적인 완전고용이 방해받는 경우를 정당하게 포함할 수 있기 때문이다. '마찰적' 실업에 덧붙여 이 전제는 또 '자발적' 실업과도 양립할 수 있다. 이 실업은 법 제정이나 사회적 관행, 단체협약을 위한 단합, 변화에 대한 느린 반응, 혹은 단순히 인간의 고집 등의 결과로 노동 단위가 자신의 한계생산성에서 기인하는 생산물의 가치에 상응하는 보수를 용납하지 못하거나 받아들이기를 거부할 때 발생한다. 그런데 [고전학파 경제학에서] '마찰적' 실업과 '자발적' 실업이라는 이 두 범주는 실업의 모든 범주를 포괄한다. 고전학파 공준들은 세 번째 범주, 내가 이하에서 '비자발적' 실업이라 정의할 범주를 용인하지 않는다.

분명히 '비자발적' 실업은 단지 생산능력이 완전히 사용되지 않고 남아 있음을 뜻하지 않는다. 하루 여덟 시간 노동이 열 시간 노동할 인간의 능력을 넘지 못한다는 이유로 실업을 뜻하지는 않는다. [비자발적 실업에 대한] 나의 정의는 다음과 같다. **화폐임금에 상대적으로 임금재의 가격이 약간 상승할 경우, 현행 화폐임금제도 아래서 일하기를 원할 노동의 총공급과 그 화폐임금제도 아래서 발생할 총노동수요가 모두 현재 고용량보다 더 크다면 사람들은 비자발적 실업을 당하고 있는 것이다.**

이 정의로부터 다음 명제가 도출된다. [고전학파의] 두 번째 공준이 상정하는 실질임금과 고용의 한계비효용 사이의 일치는 현실적으로 해석할 때 '비자발적' 실업이 존재하지 않는다는 주장에 상응한다. 그런 상황을 나는 '완전'고용이라 부를 것이다. '마찰적' 실업과 '자발적' 실업 모두 이렇게 정의되는 '완전'고용과 모순되지 않는다. 이것은 고전학파 이론의 다른 성질들과 부합한다. 고전학파 이론에 대한 가장 적합한 묘사는 그것이 완전고용 조건에서의 분배 이론으로 간주된다고 하는 것이다. 고전학파 공준들이 적용되는 한, 위에서 제시된 의미대로의 비자발적인 실업은 발생할 수 없다.

고전학파 이론가들은 비유클리드적 세계에 살고 있는 유클리드 기하학자들을 닮았다. 이들은 겉보기에 평행인 직선들이 현실에서 종종 교차함을 발견하고는 선들이 직선을 유지하지 않는다고 비난을 퍼부으며 이 비난을 현재 일어나고 있는 불행한 충돌에 대한 유일한 치유책으로 삼는다. 그러나 실제로는 평행선 공준을 폐기하고 비유클리드 기하학을 수립하는 것 말고는 치유책이 없다. 이와 비슷한 일이 현재의 경제학에서도 필요하다. 우리는 고전학파 이론의 두 번째 공준을 던져 버리고 엄격한 의미의 비자발적 실업이 가능한 체계의 움직임을 분석해야 한다.

제3장 유효수요 원리

기업가 입장에서 볼 때 일정 수준의 고용량에서 결과하는 총소득(즉, 요소비용과 이윤의 합)을 그 고용량의 수입금이라 부르는 것이 편리할 것이다.[2] 반면 일정 수준의 고용량에서 발생하는 산출의 총공급가격은 기업가가 그 양만큼의 고용을 제공할 만한 가치에 정확히 일치하는 수입금에 대한 기대다.

생산기술, 자원 및 고용된 노동 한 단위당 요소비용이 주어져 있는 상황에서, 개별 기업과 개별 산업 및 전체 경

---

2) 이 장의 앞부분에서 케인스는 여러 개념을 정의한다. 주어진 고용수준에 상응해 기업가에게 발생하는 비용은 '요소비용'과 '사용자비용'으로 나뉜다. 요소비용은 자본재를 제외한 다른 생산요소(즉, 노동과 토지)에 대해 지불하는 비용이고, 사용자비용은 다른 기업가들로부터 구입하는 자본재의 비용과 자신의 자본재를 사용함으로써 발생하는 비용을 합한 금액이다. 생산물 가치에서 이 두 비용을 감한 차이가 해당 기업가의 '이윤', 혹은 '소득'이다. 요소비용은 생산요소 소유자에게는 소득이므로, 경제 전체의 입장에서 볼 때 요소비용과 이윤의 합은 경제 전체의 '총소득'이다. 케인스는 이 총소득을 기업가의 입장에서 '수입금'이라 부르자고 제안한다.(옮긴이 주)

제 모두, 노동 고용량은 기업가들이 그 주어진 상황에 상응하는 산출로부터 획득하리라 기대하는 수입금의 크기에 좌우된다. 왜냐하면 기업가들은 요소비용을 상회하는 수입금을 극대화할 것이라 기대하는 수준에서 고용을 고정시키려 할 것이기 때문이다.

Z를 N명의 사람을 고용할 때 발생하는 산출량의 총공급가격이라 하면, Z와 N 사이의 관계는 $Z=\phi(N)$으로 표현되고 이 관계는 **총공급함수**라 불릴 수 있다. 이와 비슷하게 D를 N명의 사람을 고용할 때 기업가들이 획득하리라 기대하는 수입금이라 하면, D와 N 사이의 관계는 $D=f(N)$으로 표현되고 이 관계는 **총수요함수**라 불릴 수 있다.

이제 만일 N의 일정 수준에 대해 기대 수입금이 총공급가격보다 크다면, 즉 D가 Z보다 크다면, 기업가들에게는 고용을 N의 수준이 넘도록 증가시킬 유인이 존재한다. 이때 필요하다면 기업가들이 생산요소를 획득하기 위해 서로 경쟁해 Z가 D와 일치하는 수준의 N까지 비용을 증가시킬 수 있다. 따라서 고용량은 총수요함수와 총공급함수의 교차점에서 결정된다. 왜냐하면 이 점에서 기업가의 기대 이윤이 극대화되기 때문이다. 총수요함수가 총공급함수와 교차하는 점에서 갖는 D의 값을 **유효수요**라 부를 것이다.

반면 단언적으로 '공급이 수요를 창출한다'는 명제로 표현되어 왔고 계속해서 모든 정통파 경제 이론의 근본을 이루고 있는 고전학파 학설은 이 두 함수 사이의 관계에 대해 특정한 가정을 한다. '공급이 수요를 창출한다'는 명제는 $f(N)$과 $\phi(N)$이 N의 **모든** 수준에 걸쳐, 즉 모든 수준의 산출량과 고용량에 걸쳐 성립함을 의미할 수밖에 없다. 또한 N이 증가함에 따라 $Z(=\phi(N))$가 증가하면, $D(=f(N))$도 필연적으로 Z와 같은 크기로 증가함을 뜻한다. 다시 말해서, [고전학파 이론에서] 유효수요는 유일한 균형값을 갖는 대신 무한한 범위에 속하면서 모두 동등하게 가능한 값들을 갖는다.

내 이론의 윤곽은 다음과 같이 표현될 수 있다. 고용이 증가하면, 총실질소득이 증가한다. 사회의 심리에 따르면, 총실질소득이 증가하면 총소비도 증가하지만 소득의 증가 폭만큼 증가하지는 않는다. 따라서 만일 증가된 고용 전체가 즉각적인 소비에 대한 수요 증가분을 충족하는 데에만 소득을 사용한다면 고용주는 손해를 볼 것이다. 그러므로 어떤 수준이든 주어진 수준의 고용을 정당화하려면, 고용이 그 주어진 수준에 있을 때 사회가 소비하고자 결정하는 양을 넘는 총산출량을 흡수하기에 충분한 투자가 현재에 이루어져야만 한다. 왜냐하면 이 양만큼의 투자가 없다면 기업가들이 획득하는 수령액은 그들이 그 주어진 고용량을 제공하도록 유인하는 데 필요한 수준보다 작기 때문이다. 따라서 내가 앞으로 사회의 소비성향이라 부를 것이 주어졌을 때, 균형 고용수준 즉 고용주 전체가 고용을 확장하거나 축소시킬 이유가 존재하지 않을 때의 고용수준은 현재의 투자에 의해 결정된다. 현재의 투자량은 내가 투자 요인이라 부를 것에 좌우되고, 투자 요인은 자본의 한계효율 표와 여러 종류의 만기와 위험에 상응하는 여러 대부에 대한 여러 이자율 사이의 관계에 좌우됨이 밝혀진다.

따라서 소비성향과 신투자율이 주어졌을 때 균형과 모순을 일으키지 않는 고용수준은 단 하나 존재한다. 왜냐하면 고용수준이 이와 다르다면 언제나 경제 전체 산출량의 총공급가격과 총수요가격이 불일치할 것이기 때문이다. 이 고용수준은 완전고용수준보다 **높을** 수 없다. 즉 실질임금이 노동의 한계비효용보다 낮을 수 없다. 그러나 그 수준이 완전고용수준과 **동일**할 것이라 기대할 이유는 일반적으로 존재하지 않는다. 완전고용과 연관된 유효수요는 소비성향과 투자 요인이 서로 특정한 관계를 이룰 때 실현되는 특별한 경우다. 이 특정 관계가 바로 고전학파 이론의 가정들에 상응하는 것인데, 이 관계는 어떤 의미에서 최적 관계다. 그러나 이 관계는 우연에 의하건 의도에 의하건, 완전고용에서 발생하는 산출량의 총공급가격이 완전고용 상황에서 사회가 소비에 지출하고자 결정하는 양을 초과하는 크기와 정확히 일치하는 수요량을 현재의 투자가 제공할 때에만 존재할 수 있다.

이 분석은 풍요 속의 빈곤이라는 역설을 설명해 준다. 왜냐하면 단순히 유효수요가 충분하지 않다는 것만으로도 고용은 완전고용에 다다르기 **이전**에 정지 상태에 머물러 더 이상 증가하지 않을 수도 있고, 실제로 종종 그러기 때문이다. 유효수요가 충분하지 않으면 노동의 한계생산물이 그 가치에 있어 고용의 한계비효용을 초과하더라도 생산과정이 저해될 수 있다.

더 나아가 사회가 더 부유할수록 그 사회의 실제 생산과 잠재 생산능력 사이의 격차는 더 커지는 경향이 있고, 따라서 경제 체계의 단점이 더 분명하고 강하게 나타난다. 빈곤한 사회는 상대적으로 생산의 훨씬 더 많은 부분을 소비하는 성향이 있다. 따라서 매우 작은 크기의 투자라도 완전고용을 성취하기에 충분하다. 반면 부유한 사회는 상대적으로 더 부유한 구성원들의 저축 성향이 상대적으로 더 빈곤한 구성원들의 고용과 양립하기 위해서 훨씬 더 많은 투자 기회를 발견해 내야만 한다. 만일 잠재적으로 부유한 사회에서 투자 요인이 약하다면, 그 사회는 잠재적인 부에도 불구하고 유효수요 원리의 작동에 따라 실제의 생산을 감소시킬 수밖에 없다. 그 결과 그 사회는 잠재적 부에도 불구하고 점차로 빈곤해져서 결국 소비를 초과하는 잉여 생산량이 약한 투자 요인에 상응할 정도로 충분히 감소할 것이다.

그러나 상황은 이것보다 더 나쁘다. 부유한 사회에서는 한계소비성향이 상대적으로 더 약할 뿐더러 자본축적이 이미 매우 큰 상태이기 때문에 이자율이 충분히 빠른 속도로 하락하지 않는다면 추가적인 투자의 기회가 상대적으로 덜 매력적이다.

따라서 소비성향 분석, 자본의 한계효율 정의, 그리고 이자율 이론은 나의 현재 지식에서 반드시 채워져야 할 세 가지 주요한 간극이다. 이 작업이 완성되면 가격 이론은 그 본연의 위치, 즉 나의 일반이론에 부차적인 사항으로서 위치를 차지함이 밝혀질 것이다. 그러나 이자율 이론에서 화폐가 본질적인 역할을 함이 밝혀질 것이고, 나는 화폐를 다른 것들과 구별하게 만드는 화폐의 특별한 성질들을 솎

아 내려고 시도할 것이다.

맬서스[3] 이후의 전문적인 경제학자들은 이론의 결과와 관찰 사실이 서로 일치하지 않는다는 것에 신경을 쓰지 않았다. 이런 불일치는 일반인이라면 결코 보지 못할 수 없는 것이었다. 그 결과 일반인들은 이론적인 결과들이 사실에 적용될 때 관찰에 의해 그 이론적 결과들이 확인되는 다른 과학자 그룹에게 부여하는 정도의 존경심을 경제학자들에게는 부여하지 않으려는 성향을 점차 더 많이 보여 주었다.

전통적인 경제 이론은 **낙관주의**로 유명하다. 이 낙관주의로 인해 경제학자들은 마치 캉디드[4]처럼 세계를 떠나

---

3) 토머스 로버트 맬서스(Thomas Robert Malthus, 1766~1834) : 데이비드 리카도와 함께 영국 고전학파 경제학을 완성한 대표적 경제학자. 토지에 대한 지대 이론, 그리고 인구 증가와 경제성장의 관계에 대한 분석으로 널리 알려져 있다. 대표 저서로《인구 원리에 관한 시론(An Essay on the Principle of Population)》,《정치경제학 원리(Principles of Political Economy)》 등이 있다.(옮긴이 주)

4) 캉디드 : 프랑스의 작가 볼테르(Voltaire)가 1759년 발표한 풍자소설인《캉디드 혹은 낙천주의(Candide, ou l'Optimisme)》의 주인공. 캉디드는 현실에서 여러 난관에 부딪히면서도, 그의 스승인 팡글로스 박사(Dr. Pangloss)의 "모든 것은 최선의 상태에 있다"는 말을 신봉하는 순

자신들의 정원을 가꾸는 일에 몰두하면서, 모든 것을 혼자 그대로 놓아두면 가능한 세계 중에서 최선의 세계가 도래할 것이라 가르친다. 이 낙관주의도 유효수요의 부족 때문에 발생할 수 있는 번영의 지체를 고려하지 않은 데에서 그 기원을 찾아야 할 것이다. 왜냐하면 고전학파 공준들의 방식에 따라 작용하는 사회에서는 자원이 최적으로 사용되는 자연적인 경향이 분명 존재할 것이기 때문이다. 고전학파 이론은 우리의 경제가 이렇게 작동했으면 하고 우리가 바라는 모습을 대표하는 것일 수 있다. 그러나 현실의 경제가 실제로 그렇다고 가정하는 것은 우리의 난점들이 존재하지 않는다고 가정하는 것과 같다.

진무구한 청년이다. 이 소설을 통해 볼테르는 당시에 유행하던 철학자 라이프니츠(Leibniz)의 낙관적 세계관을 풍자했다.(옮긴이 주)

제2책

정의와 개념

제4장 단위 선택

내가 이 책을 쓸 때 책의 진행을 가장 크게 방해한 세 가지 난점들이 있다. 나는 이 난점들에 대한 해답을 발견할 때까지 나 자신을 표현하는 데 불편함을 겪었다. 첫째, 경제 전체의 문제들에 적합한 수량 단위를 선택하는 일, 둘째, 경제 분석에서 기대의 역할, 그리고 셋째, 소득에 대한 정의가 그것이다.

모든 특정한 경우에 기업가는 주어진 자본 설비를 어떤 규모로 작동시킬 것인가에 대한 결정에 관심이 있다. 그리고 수요 증가에 대한 기대로 총산출량이 증가한다고 말할 때 우리가 정말로 뜻하는 바는, 자본 설비를 소유한 기업들이 그 자본 설비에 더 큰 규모의 총노동고용을 연계시키게 될 것이라는 것이다. 동질의 생산물을 생산하는 개별 기업이나 개별 산업의 경우 원한다면 산출량의 증가나 감소를 이야기해도 아무런 문제가 없다. 그러나 모든 기업들의 활동을 총합할 때에는 주어진 자본 설비에 적용되는 고용량을 통하는 방식을 제외하고는 정확하게 이야기할 방법이 없다. 이 맥락에서는 경제 전체의 산출물과 그

가격수준이라는 개념이 필요하지 않다. 왜냐하면 다른 자본 설비를 다른 양의 노동 고용과 연계시킬 때 발생할 총산출량을 현재의 총산출량과 비교할 수 있게끔 하는 총산출량에 대한 절대적인 척도가 필요하지 않기 때문이다.

고용이론을 다룰 때 나는 오직 두 종류의 기본적인 수량 단위, 즉 화폐가치의 양과 고용량만을 사용할 것을 제안한다. 이 중 첫 번째는 엄격히 동질적이고 두 번째는 그렇게 만들 수 있다. 왜냐하면 여러 등급과 종류의 주 노동자와 유급 보조 노동자들이 상대적인 크기가 어느 정도 고정된 보수를 받는 한, 보통 노동의 한 시간 고용을 한 단위로 삼고 특별 노동의 한 시간 고용을 상대적 보수에 비례해 가중치를 부여한다면, 즉 보통 노동에 대한 보수의 두 배를 받는 특별 노동의 한 시간을 두 단위의 노동으로 계산하면, 우리의 목적에 충분히 부합하는 고용량의 정의를 얻을 수 있다. 나는 고용량을 측정하는 단위를 노동 단위라 부르고, 노동 한 단위의 화폐임금을 임금 단위라 부를 것이다. 따라서 E가 임금(및 급여)액이고, W가 임금 단위, 그리고 N이 고용량이라면, $E = NW$다.

나는 다음과 같이 할 때 수많은 불필요한 난점들을 피할 수 있다고 믿는다. 경제 체계 전체의 행동을 다룰 때 수량 단위를 엄격하게 화폐와 노동이라는 두 가지 단위로 제한한다. 특정한 산출물과 자본 설비들의 수량 단위는 개별 기업이나 산업의 산출량을 단독으로 분석하는 경우에 사용하도록 한다. 그리고 경제 전체의 산출량, 경제 전체의 자본 설비의 양, 일반 물가수준 같은 모호한 개념들은 모두가 인정하듯이 어떤(어쩌면 꽤 폭넓은) 한계 내에서 부정확하고 근사적인 역사적 비교를 하려는 경우에 한정해 사용하도록 한다.

제5장 산출과 고용을 결정하는 요소로서 기대

모든 생산은 궁극적으로 소비자를 충족시키는 것을 목적으로 한다. 그러나 생산자가(소비자를 염두에 두고) 비용을 부담하는 시점과 궁극적으로 소비자가 생산물을 구입하는 시점 사이에는 시간이, 때로는 오랜 시간이 걸린다. 이 기간 동안 기업가(이 표현은 생산자와 투자자를 모두 포함한다)는 어쩌면 오랜 기간이 될 수도 있을 시간이 지난 후에 소비자에게 (직접 혹은 간접적으로) 생산물을 공급할 수 있게 되었을 때 소비자가 얼마만큼을 지불할 준비가 되어 있는가에 대해 최대한 정확히 기대를 형성해야 한다. 그리고 기업가는 시간을 요하는 과정에 따라 생산을 하고자 한다면 이런 기대에 따라 결정할 수밖에 없다.

사업 결정을 좌우하는 이런 기대는 두 개의 유형으로 나뉜다. 일부 개인과 기업은 첫 번째 유형의 기대를 형성하는 사업에 전문화되어 있고, 다른 개인과 기업은 두 번째 유형의 기대를 형성하는 사업에 전문화되어 있다. 첫 번째 유형은 제조업자가 '완성된' 생산물을 생산할 과정을 시작하기로 사업 결정을 할 시점에 그 완성된 생산물에 대해 받을 수 있을 것으로 기대하는 가격과 관련된다. (제조업자의 관점에서 볼 때) 생산물이 '완성'되었다는 것은 그 생산물이 사용될 수 있거나 다른 사람에게 판매될 수 있는 단계에 도달했다는 것을 뜻한다. 두 번째 유형은 기업가가 자본 설비를 추가하기 위해 '완성된' 생산물을 구매할 때(혹은 어쩌면 직접 제조할 때) 그가 미래 수익의 형태로 획득하리라 희망할 수 있는 것과 관련된다. 우리는 첫 번째 유형의 기대를 **단기 기대**, 두 번째 유형의 기대를 **장기 기대**라 부를 수 있다.

따라서 하루[5]의 산출량을 결정하는 개별 기업의 행동은 그 기업의 단기 기대에 의해 결정된다. 즉, 생산을 여러 가능한 규모로 했을 때 발생할 생산비용에 관한 기대와 이 생산으로부터 발생할 매상액에 관한 기대에 의해 결정된다. 그러나 자본 설비를 추가하는 경우와 심지어 유통업자에게 판매하는 경우에도 이 단기 기대는 다른 기업들의 장기(혹은 중기) 기대에 많은 영향을 받는다. 기업이 제공하는 고용량은 바로 이런 여러 기대들에 영향을 받는다. 생산과 생산물 판매가 **실제로 이루어진** 결과는 그 결과가 이후의 기대를 수정하게끔 만드는 한에서 고용과 관련된

---

5) 여기서 '**하루**'가 의미하는 것은 그 기간이 지나면 기업이 고용량에 대한 결정을 자유롭게 수정할 수 있는 가장 짧은 기간이다. 다시 말해서 이 기간은 최소의 유효한 경제적 시간 단위다.

다. 다른 한편으로, 기업이 내일의 생산을 결정해야 할 시점에 보유하고 있을 자본 설비 및 중간생산물과 반제품의 재고를 갖도록 한 원래의 기대도 고용과는 무관하다. 따라서 그런 결정 하나하나의 경우 모두, 자본 설비와 재고는 당연히 고려의 대상이지만, 산출량 결정은 **미래에 예상되는** 비용과 매상액에 대한 **현재**의 기대에 비추어 내려진다.

이제 일반적으로 (단기 기대건 장기 기대건) 기대가 **변화**하면 그것이 고용에 끼치는 영향이 완전히 나타나기까지는 상당한 기간이 걸린다. 기대의 변화로 인한 고용 변화는, 기대가 더 이상 변화하지 않더라도, 기대가 변화한 후 첫날과 둘째 날이 같지 않고, 둘째 날과 셋째 날이 같지 않으며 이후에도 그럴 것이다. 단기 기대의 경우 그 이유는 다음과 같다. 더 나쁜 상황이 올 것이라 기대되는 경우, 기대의 변화는 수정된 기대에 비추어 볼 때 시작한 것이 실수임이 밝혀진 생산과정들을 모두 폐기해 버릴 정도로 격렬하거나 급격하지 않은 것이 상례다. 반면, 더 좋은 상황이 올 것이라 기대되는 경우, 기대 상태가 더 일찍 수정되었더라면 결과했을 수준에 고용이 도달할 수 있으려면, 준비 시간이 어느 정도 흘러야만 한다. 장기 기대의 경우, 대체되지 않은 설비 덕택에 그 설비가 모두 마모될 때까지는 계속 고용이 발생할 것이다. 반면 장기 기대가 더 좋은 상황이 일어날 것이라는 쪽으로 변화하는 경우, 처음에 고용은 설비를 새로운 상황에 따라 조정할 시간이 있은 후에 결과할 수준보다 더 높은 수준에 있을 것이다.

위의 논의로부터 확실해진 사실은, 어떤 한 시점에서 고용수준은 어떤 의미에서 현재의 기대 상태뿐만 아니라 과거의 어떤 기간 동안 존재했던 기대 상태들에 좌우된다는 것이다. 그럼에도 불구하고 아직 끝까지 완전히 작용하지 않은 과거의 기대들은 오늘의 자본 설비에 체화되어 있고, 기업가는 오늘의 결정을 할 때 이 자본 설비들을 기준으로 삼아야 한다. 또 과거의 기대들은 그렇게 체화되어 있을 때에만 기업가의 결정에 영향을 끼칠 수 있다. 따라서 위에서 말한 바에도 불구하고 오늘의 고용은 오늘의 자본 설비와 관련해 취해진 오늘의 기대에 의해 좌우된다고 하는 것이 옳은 표현이라는 결론이 나온다.

현재의 장기 기대에 대한 명시적인 언급을 피할 수 있는 길은 거의 없다. 그러나 **단기 기대**에 대한 명시적인 언급은 생략한다고 해도 그리 위험하지 않다. 현실에서 단기 기대는 점진적이고 연속적인 과정을 통해 수정되고 주로 실제로 실현된 결과에 비추어 수정되며, 그 결과 기대된 결과와 실현된 결과가 서로 물리고 중첩되어 영향을 끼치기 때문이다. 생산과 고용이 과거의 결과에 의해서가 아니라 생산자의 단기 기대에 의해 결정되기는 하지만, 보통 가장 최근의 결과가 이런 기대의 모습을 결정하는 데 주도적인 역할을 한다. 생산과정이 처음 시작될 때마다 새롭게 기대를 형성하는 일은 너무 복잡하다. 더군다나 그런 일은 시간 낭비이기도 하다. 왜냐하면 주변 환경을 하루하루 관찰할 때 그것의 많은 부분은 실질적으로 거의 변화가 없는 것이 보통이기 때문이다. 따라서 생산자는 변화가 기대되는 명확한 이유가 있는 경우를 제외하고는 가장 최근에 실현된 결과가 계속 유지되리라는 가정에 근거해 기대를 형성하는 것이 무리가 없다.

그렇지만 잊지 말아야 할 것이 있다. 내구재의 경우 생산자의 단기 기대는 투자자의 현재 장기 기대에 근거한다. 그런데 실현된 결과에 비추어 짧은 기간 동안에 수정될 수 없다는 것이 장기 기대의 본질이다. 더군다나 장기 기대는 갑자기 수정될 수 있다. 따라서 현재의 장기 기대라는 요소는 실현된 결과로 아무리 근사적으로도 제거되거나 대체될 수 없다.

제6장 소득, 저축 및 투자의 정의[6)]

순소득의 **인과적** 중요성은 V[보조비용]의 크기가 현행 소비량에 끼치는 심리적 영향에 있다. 왜냐하면 **순소득은** 일반적인 사람이 현행 소비에 얼마만큼을 지출할 것인가를 결정할 때 자기가 사용할 수 있는 소득이라고 생각하는 것이기 때문이다. 기업가의 소비에 영향을 주는 것은 현행 산출물의 수입금이 주비용과 보조비용의 **합**을 초과하

---

6) 이 장의 앞부분에서 케인스는 다음과 같은 여러 개념을 정의한다.

사용자비용(U) = 어떤 기간 동안 개별 기업가가 A만큼의 가치를 갖는 완성품을 생산하기 위해 희생해야 하는 가치 = 자본 설비를 사용하지 않지만 유지비용을 지불했을 때의 자본 설비 가치 − A를 생산하기 위해 자본 설비를 사용했을 때 당기 말의 자본 설비 가치 + 당기에 다른 기업가들의 완성품을 구입하기 위해 지불한 금액(A_1).

요소비용(F) = 다른 생산요소 서비스에 대해 지불하는 금액 = 기업가 이외 사람들의 소득.

주비용 = 요소비용 + 사용자비용 = $F+U$.

기업가 소득 = 완성품 가치 − 주비용 = $A-(F+U)$.

(총)소득 = 기업가 소득 + 기업가 이외 사람들의 소득 = $[A-(F+U)]+F = A-U$.

보조비용(V) = 비자발적이지만 이미 기대된 자본 설비의 감가상각 = 사용자비용을 초과할 것으로 기대되는 감가상각.

순소득 = 소득 − 보조비용 = $A-U-V$.(옮긴이 주)

는 분량이다.

내가 알고 있는 한, 모든 사람이 **저축**은 소비지출에 대한 소득의 초과분이라는 데 동의한다. 따라서 저축의 의미에 대한 회의는 한편으로 **소득**, 다른 한편으로 **소비**의 의미에 대한 회의에서 발생한다. **소득**은 이미 위에서 정의되었다. 어떤 기간 동안 소비에 지출된 금액은 그 기간 동안 소비자에게 판매된 재화의 가치여야 한다. 여기서 우리는 소비자-구매자가 뜻하는 바가 무엇인가라는 문제로 되돌아온다. 소비자-구매자와 투자자-구매자의 구분선에 대한 정의는 무리 없는 것이라면 어떤 것이라도 일관되게 적용만 된다면 모두 그 역할을 잘해 낼 것이다. 우리가 A_1을 한 기업가가 다른 기업가로부터 구매하는 것의 가치로 정의했을 때, 우리는 이미 문제를 암묵적으로 해결해 버렸다. 따라서 소비지출은 아무런 모호함 없이 $\Sigma(A-A_1)$으로 정의된다. 여기서 ΣA는 해당 기간 동안 발생한 총판매액이고, ΣA_1은 한 기업가가 다른 기업가에게 판매한 총액이다.

이제 **소득**과 **소비**를 정의했으므로, 소득이 소비를 초과하는 분량인 **저축**에 대한 정의는 자연적으로 도출된다. 소득이 $A-U$와 같고 소비가 $A-A_1$과 같으므로, 저축은

$A_1 - U$와 같음이 도출된다. 이와 비슷한 방식으로 **순저축**은 **순소득**이 소비를 초과하는 분량으로, $A_1 - U - V$와 같다.[7]

소득에 대한 정의로부터 또한 **경상투자**의 정의가 곧장 도출된다. 이 용어가 뜻하는 바는 당기에 이루어진 생산 활동의 결과로 자본 설비 가치가 당기에 증가한 분량이기 때문이다. 이 양은 분명히 방금 우리가 정의한 저축과 동일하다. 왜냐하면 이 양은 당기의 소득 중 소비로 사용되지 않은 부분이기 때문이다. $A - U$[소득]가 $A - A_1$[소비]을 초과하는 분량, 즉 $A_1 - U$가 당기의 생산 활동의 결과로 나타난 자본 설비의 증가분이고, 따라서 당기의 **투자**다. 이와 비슷하게 $A_1 - U - V$는 당기의 **순투자**다. 순투자는 사용되기 때문에 자본 설비에 발생하는 가치 감소와 자본 계정에 계상되어야 하는 자본 설비 가치의 우연적 변화를 제외한 과정을 통해 자본 가치에 발생하는 정상적인 가치 감소를 고려한 후 계산되는 자본 설비의 **순** 증가분이다.

따라서 저축량은 개별 소비자들의 행동이 총합된 결과

---

7) 여기서는 경제 전체에 대해 이야기하고 있으므로 개별 기업가와 소비자들의 행동을 총합한 양을 표현하기 위해 Σ를 사용해야 하나, 케인스는 편의를 위해 Σ를 생략한다.(옮긴이 주)

이고 투자량은 개별 기업가들의 행동이 총합된 결과지만, 이 두 양은 필연적으로 동일하다. 왜냐하면 이 두 양은 각각 소득이 소비를 초과하는 분량과 같기 때문이다. 간단히 표현하면 다음과 같다.

소득 = 생산물 가치 = 소비 + 투자.
저축 = 소득 − 소비.
따라서 저축 = 투자.

실상, 저축은 단순히 잔여다. 소비 결정과 투자 결정 둘이 소득을 결정한다. 투자 결정이 유효해진다고 가정하면, 그렇게 되기 위해서는 투자 결정으로 인해 소비가 감소하거나 소득이 증대되어야 한다. 따라서 투자 행위는 그 자체로 우리가 저축이라 부르는 잔여 혹은 여분을 동일한 크기로 증가시키지 않을 수 없다.

제7장 저축과 투자의 의미 재론

[저축의 개념을] 사용하는 데 보이는 여러 차이점들은 **투자**의 정의나 **소득**의 정의 중 하나에서 발생한다.

투자는 고정자본이건 운용자본이건 유동자본이건[8] 모든 종류의 자본 설비의 증가를 포함한다. [투자에 대한] 정의에서 중요한 차이는 (투자와 순투자 사이의 구분을 제외하고는) 투자에서 이 범주 중의 어떤 것들이 제외되느냐에 달려 있다.

예를 들어 유동자본의 변화, 즉 미판매된 재화의 재고가 계획과 다르게 증가(혹은 감소)하는 상황을 매우 강조하는 호트리[9] 씨는 이런 변화가 제외된 투자의 정의를 제

8) 운용자본은 'working capital'을 번역한 것으로, 1회의 생산에 완전히 소모되는 생산수단을 뜻한다. 최근에는 순환자본(circulation capital)이라는 용어를 더 많이 사용한다. 유동자본은 'liquid capital'의 번역인데, 생산되었지만 아직 판매되지 않은 상품 재고를 말한다(마르크스경제학에서 'circulating capital'을 유동자본이라 번역하고 있음에 유의하라).(옮긴이 주)

9) 랠프 조지 호트리(Ralph George Hawtrey, 1879~1975) : 영국 케임브리지 대학교에서 활동. 재정 정책이 고용과 산출에 영향을 주지 않는

시한다. 이 경우 투자를 상회하는 저축 부분은 미판매 재화 재고가 뜻하지 않게 증가한 양, 즉 유동자본의 증가분과 동일할 것이다. 호트리 씨는 생산 규모에 대해 기업가가 매일매일 내리는 결정은 미판매된 재화 재고의 변화에 의거해 전날의 생산 규모와 달라진다고 생각한다. 물론 소비재의 경우에는 이 요소가 기업가의 결정에 중요한 역할을 한다. 그러나 나는 기업가의 결정에 다른 요소들이 수행하는 역할을 배제할 아무런 이유가 없다고 생각한다. 따라서 나는 유효수요 전체의 변화를 강조하기를 원한다.

[《화폐론》에서] 나는 기업가의 소득에 그들의 실제로 실현된 이윤이 아니라 (어떤 의미에서) 그들의 '정상 이윤'을 계상했다. 따라서 저축이 투자를 초과한다고 했을 때 내가 의미하던 바는, 기업가들이 자본 설비의 소유로부터 획득하는 이윤이 정상 수준보다 낮게끔 생산 규모가 이루어지고 있다는 것이었다. 그리고 저축의 투자 초과분이 증가한다고 했을 때 내가 의미하던 바는, 실제의 이윤이 감소하고 있고 따라서 기업가들은 생산을 감소시킬 동기를 갖게 된다는 것이었다. 《화폐론》에서 정의된 바에 따

다는 '재무성 관점'을 주장했다.(옮긴이 주)

라 저축에 비교해 투자가 증가할 것으로 기대된다는 것은 유효수요가 증가할 것이라는 기준이었다.

로버트슨[10] 씨는 오늘의 소득이 어제의 소비와 투자를 합한 양과 같다고 정의했다. 따라서 그가 뜻하는 바에 따르면, 오늘의 저축은 어제의 투자에 오늘의 소비를 초과하는 어제의 소비분을 더한 양과 같다. 이 정의에서는 (내가 사용하는 의미에 따른) 어제의 소득이 오늘의 소득을 초과하는 양만큼 저축이 투자를 상회할 수 있다. 따라서 로버트슨 씨가 투자를 초과하는 저축분이 있다고 말할 때 의미하는 바는, 내가 소득이 하락하고 있다고 말할 때 의미하는 바와 정확히 동일하다.

이제 '강제저축'이라는 용어와 연관된, 훨씬 더 모호한 아이디어들을 다루기로 한다. '강제저축'은 어떤 기준 저축률이 명시되기 전까지는 아무런 의미도 가질 수 없다. 이미 수립되어 있는 완전고용 상태에 상응하는 저축률을 [기준으로] 선정한다면, [강제저축의] 정의는 다음과 같이

---

10) 데니스 홀름 로버트슨(Dennis Holme Robertson, 1890~1963) : 케임브리지 대학교에서 활동. 유럽 대륙의 경제학, 특히 크누트 빅셀과 스톡홀름학파의 경제학 전통을 따랐고, 1920년대와 1930년대에 케인스의 사상에 많은 영향을 끼쳤다.(옮긴이 주)

될 것이다. "강제저축은 장기균형 위치에서 완전고용이 되었다면 저축될 양을 초과하는 실제 저축의 초과분이다." 이 정의에는 무리가 없다. 그러나 저축이 강제적으로 초과되는 경우는 매우 드물고 매우 불안정한 현상일 것이고, 오히려 저축이 강제적으로 부족한 경우가 더 통상적인 상황일 것이다.

[하이에크[11]에 따르면] 이 정의가 [강제저축이라는] 용어의 원래 의미였다. '강제저축' 혹은 '강제검약'은 원래 벤담[12]의 개념이었다. 벤담은 "모든 노동이 고용되고, 그것도 최대로 이익이 되는 방식으로 고용된" 상황 아래 (통화에 대해 판매될 수 있는 재화의 양에 상대적으로) 통화량이 증가할 때 발생할 결과가 바로 자신이 염두에 두고 있는 것임을 명시적으로 말했다. 벤담에 따르면, 그런 상황

11) 프리드리히 폰 하이에크(Friedrich von Hayek, 1899~1992) : 오스트리아 출신의 경제학자 겸 정치철학자. 미국 시카고 대학에서 활동. 고전적인 자유주의와 시장자본주의를 주창했다. 1974년 노벨 경제학상 수상.(옮긴이 주)

12) 제러미 벤담(Jeremy Bentham, 1748~1832) : 영국의 철학자. 개인의 자유, 경제적 자유, 교회와 국가의 분리, 의사 표현의 자유, 여성의 권리, 동물의 권리 등을 주장했으며, 가장 커다란 영향력을 끼친 공리주의자로 평가된다.(옮긴이 주)

에서 실질소득은 증가할 수 없고, 따라서 (상황의 이행 과정에서 발생하는) 추가적인 투자는 "국가의 안위와 국가의 정의를 희생 삼아" 강제검약을 발생시킨다. 이 문제를 다룬 19세기의 저자들은 모두 거의 동일한 생각을 하고 있었다. 그러나 이 완벽하게 명백한 사고를 완전고용 이하의 상황으로 확장시키려는 시도는 어려움에 봉착한다. 물론 (주어진 자본 설비에 노동 고용이 증가할 때 수확 체감이 발생한다는 사실 때문에) 고용의 **어떠한** 증가라도 이미 고용되어 있는 사람들에게는 실질소득의 희생을 가져온다는 것은 분명하다. 그러나 이 손실을 고용이 증가할 때 수반할지도 모를 투자의 증가와 연결시키려는 시도는 그리 성공적이지 못할 것이다. 어쨌든 나는 '강제저축'에 관심을 가진 현대의 저자 중에 이 개념을 고용이 증가하고 있는 상황으로까지 확장시키려 하는 사람을 알지 못한다.

저축과 투자를 직설적인 의미에서 이해할 때 이들이 서로 다를 수 있다는 팽배해 있는 생각은 개별 예금자가 그의 거래 은행에 대해 갖는 관계가 일방적인 거래라고 생각하는 시각적 착오로 설명될 수 있을 것이다. 그러나 실상 그 관계는 쌍방적인 거래다. 이런 착오에 자리 잡고 있는 생각에 따르면, 예금자와 그의 거래 은행은 양자 간의 공모를 통해, 저축이 은행 체계 안으로 사라져 버려 투자로 이어지지 않거나 그 반대로 은행 체계가 저축과 상응하지 않는 투자를 발생시킬 수 있게끔 할 수 있다. 그러나 어느 누구도 자산을 획득하지 않고서는 저축할 수 없다. 그 자산은 현금일 수도, 부채일 수도, 아니면 자본재일 수도 있다. 그리고 어느 누구도 그가 이전에 소유하지 않았던 자산을 획득할 수는 없다. 예외가 있다면 그것은 동일한 가치의 자산이 새롭게 생산되는 경우나, 아니면 그가 이전에 소유했던 것과 같은 가치의 자산을 다른 누군가가 떼어 주는 경우다. 첫 번째 경우에는 그에 상응하는 새로운 투자가 발생하고, 두 번째 경우에는 누군가가 그와 동일한 금액만큼 저축을 지출에 사용해야만 한다. 따라서 첫 번째 개인과 다른 개인의 저축을 총합하면 당기 신투자의 양과 반드시 동일할 수밖에 없다.

따라서 저축이 언제나 투자를 연관시킨다는 오래된 관점은 비록 불완전하고 사람들을 오도하기는 하지만, 저축은 있지만 투자는 없다거나 투자는 있지만 '진정한' 저축이 없다는 새롭게 유행하는 관점보다 형식적으로 더 사리에 맞다. 이 오래된 관점의 오류는 개인이 저축을 하면 그와 동일한 양으로 경제 전체의 투자가 증가하리라고 하는,

그럴듯하게 들리는 추론에 있다. 개인이 저축을 하면 그 개인의 부가 증가하는 것은 사실이다. 그러나 그래서 경제 전체의 부가 증가한다는 결론은 개인의 저축 행위가 다른 사람들의 저축에, 따라서 다른 사람의 부에 영향을 끼칠 수 있을 가능성을 고려하지 않은 것이다.

저축은 지출과 마찬가지로 쌍방적인 사건이다. 한 개인의 저축량은 그 개인의 소득에 어떤 중요한 영향도 끼치지 못한다. 그러나 그의 소비량이 다른 사람들의 소득에 끼치는 영향 때문에, 모든 개인이 동시에 어떤 일정량의 저축을 하는 일은 불가능하다. 소비를 감소시켜 더 많이 저축하려는 그런 시도는 언제나 소득에 영향을 끼침으로써 필연적으로 자가당착에 빠지게 된다. 물론 사회 전체가 당기의 투자량보다 더 **적은** 양으로 저축하는 것도 불가능하다. 왜냐하면 그러려는 시도가 있으면 개인들이 저축하려는 양의 총합이 투자량과 정확히 일치하는 수준까지 필연적으로 소득이 증가할 것이기 때문이다.

이상의 내용은 화폐 이론에서의 다음 명제와 매우 유사하다. 모든 개인이 향유하는 자유, 즉 자신이 보유하고자 하는 화폐량을 변화시키고자 하는 자유는 개인들의 화폐 보유고를 모두 합한 총통화량이 은행 체계가 창출해 낸 현금의 양과 정확히 일치해야 하는 필연성과 조화를 이룬다는 것이다. 이 경우 두 양이 일치하는 것은, 사람들이 보유하고자 선택하는 화폐량이 그들의 소득으로부터 독립적이지 않고, 또 화폐를 보유하는 것에 대한 자연스런 대안인 것(주로, 증권)의 가격으로부터도 독립적이지 않다는 사실에 기인한다. 그렇기 때문에 소득과 그 가격은 그렇게 함으로써 발생하는 소득과 가격의 새로운 수준에서 개인들이 보유하고자 하는 총화폐량이 은행 체계에서 창출된 화폐량과 일치할 때까지 변화한다. 진정 이것이야말로 화폐 이론의 기본 명제다.

이 두 명제들은 모두 판매자 없이 구매자가 있을 수 없고, 구매자 없이 판매자가 있을 수 없다는 단순한 사실에서 도출된다. 한 개인의 거래는 시장 전체와 비교해 규모가 작기 때문에 그 개인은 자신의 수요가 일방적 거래가 아니라는 사실을 무시할 수 있다. 그러나 총수요를 고려할 때 그것을 무시한다는 것은 말도 안 된다. 이것이 총량으로서의 경제적 행위에 대한 이론과 개별 단위의 행동에 대한 이론의 가장 중요한 차이점이다. 후자에서는 개인의 수요가 그의 소득에 영향을 끼치지 않는다고 가정되기 때문이다.

제3책
소비성향

제8장 소비성향 I. 객관적 요소들

우리는 임금 단위로 측정된 일정한 소득수준 Y_w와 그 소득수준에서 행해지는 소비지출 C_w 사이의 함수 관계 χ를 **소비성향**이라 부를 것이다. 즉 다음과 같다.

$$C_w = \chi(Y_w) \text{ 혹은 } C = W \cdot \chi(Y_w).$$

사회가 소비에 지출하는 양은, (i) 부분적으로 소득의 양에, (ii) 부분적으로 다른 객관적인 동반 상황에, (iii) 부분적으로 개별 사회 구성원들의 주관적 필요와 심리적 성향 및 습관, 그리고 소득이 이들 개별 구성원들에게 분배되는 원리(이 원리는 생산이 증가함에 따라 수정될 수 있다)에 좌우된다. 이 동기들을 두 개의 넓은 범주로, 즉 주관적 요소와 객관적 요소로 분리해서 고려하는 것이 사람들이 이해하기에 더 명확할 것이다.

소비성향에 영향을 끼치는 주요 객관적 요소들은 다음과 같을 것이다.

(1) 임금 단위의 변화

(2) 소득과 순소득 사이 차이의 변화

(3) 순소득을 계산하는 데 고려되지 않은 의외의 자본

가치 변화

(4) 시간 할인율의 변화, 즉 현재의 상품과 미래의 상품 사이의 교환율의 변화

(5) 재정 정책의 변화

(6) 현재의 소득과 미래의 소득 사이 관계에 대한 기대의 변화

인간 본성에 관한 우리의 선험적 지식과 상세한 실증적 사실로부터 우리가 자신만만하게 의지할 수 있는 근본적인 심리적 법칙이 있다. 이 법칙에 따르면 사람들은 일상적으로, 그리고 평균적으로 소득 증가에 따라 소비를 증가시키는 성향이 있으나 소득의 증가분만큼 소비를 증가시키지 않는다. 다시 말하면, C_w가 소비량이고, Y_w가 소득이면(두 양 모두 임금 단위로 측정), ΔC_w는 ΔY_w와 같은 부호를 가지나 그 크기는 후자보다 작다.

즉, $\frac{dC_w}{dY_w}$는 양의 부호를 가지며 1보다 작다.

이 단순한 원리는 이전과 동일한 결론으로 이어진다. 즉, 소비성향에 변화가 없는 한, 고용은 오직 투자의 증가와 같이 증가할 수밖에 없다. 그 이유는 소비자들은 고용이 증가할 때 총공급가격의 증가보다 더 적은 양을 지출하

므로, 그 간극을 투자의 증가가 메우지 않는 한 고용이 증가하더라도 이윤이 발생하지 않기 때문이다.

고용이 기대 소비와 기대 투자의 함수인 반면 소비가 (다른 모든 것이 일정할 때) 순소득의 함수, 즉 (순소득이 소비와 순투자의 합이므로) 순투자의 함수라는 사실이 갖는 중요성을 과소평가해서는 안 될 것이다. 다시 말하면, 순소득을 계산하기 위해 반드시 필요한 금전적 계상이 클수록 일정한 투자 수준이 소비에, 따라서 고용에 끼치는 긍정적인 영향은 감소한다.

소비는 일부는 현재 시기에 생산되는 상품들에 의해, 일부는 이전 시기에 생산된 상품들, 즉 음의 투자에 의해 충족된다. 소비가 후자에 의해 충족되는 정도만큼 현재 시기의 수요는 감소한다. 왜냐하면 그 양만큼 현재 시기의 지출 중 일부가 순소득의 일부로 되돌아갈 수 없기 때문이다. 반대로 상품이 다음 시기의 소비를 충족시킬 목적으로 현재 시기에 생산될 때마다 현재 시기의 수요가 증가한다. 그런데 모든 자본 투자는 조만간 음의 자본 투자로 귀결하게끔 되어 있다. 따라서 새로운 자본 투자가 순투자와 소비의 차이를 메우기에 충분할 정도로 음의 자본 투자를 상쇄할 것이라 가정하는 문제는 자본이 증가함에 따라 점점 더 풀리기 힘든 문제가 되어 버린다. 새로운 자본 투자가 현재 시기의 음의 자본 투자를 상회해서 발생하기 위해서는 반드시 **미래**의 소비지출이 증가할 것으로 기대되어야만 한다. 오늘의 균형을 투자를 증가시킴으로써 확보할 때마다 내일의 균형을 확보하는 문제는 더 어려워진다. 오늘 소비성향이 감소할 때 이것이 대중에게 이득이 되기 위해서는 미래의 어느 때인가 소비성향이 증가할 것으로 기대되어야만 한다. 이것은 《벌들의 우화》[13]를 연상시킨다. 내일의 행복이야말로 오늘의 우울함에 존재 이유를 부여하는 데 절대적으로 필요한 것이다.

13) 《벌들의 우화》 : 버나드 맨더빌(Bernard Mandeville, 1670~1733)의 저작. 케인스는 맨더빌의 입장을 《일반이론》의 제23장에서 상세히 다룬다.(옮긴이 주)

제9장 소비성향 II. 주관적 요소들

주어진 소득으로부터 가능한 소비량에 영향을 끼치는 두 번째 범주의 요소들이 남아 있다. 그러나 이 요소들에 대한 분석은 새로운 것이 없으므로, 상대적으로 중요한 요소들의 목록만을 만들고 그것들에 대해 상세하게 논하지 않는 것으로 충분할 것이다.

일반적으로 개인들로 하여금 소득을 지출하지 않도록 제어하는 주관적 성격의 동기나 목적으로는 여덟 개가 있다.

(1) 예상하지 못한 돌발적 상황에 대비하기 위해 예비 보유고를 구축함.

(2) 현재 존재하는 것과는 다르게, 개인 혹은 그 개인의 가족이 필요로 하는 것과 소득에 미래에 성립할 것으로 기대되는 관계, 예를 들어 노후, 가족의 교육, 부양가족 유지 등에 대비함.

(3) 이자와 가치 상승을 향유함. 즉, 미래에 발생할 더 큰 양의 실질 소비는 그보다 작은 양의 현재 소비에 선호됨.

(4) 점차 증가하는 지출을 향유함. 즉, 설사 가능한 향

유의 용량이 감소하고 있을지라도 생활수준이 점차로 나빠지기보다는 개선되기를 바라는 것이 일반적인 본능을 만족시킴.

(5) 특정한 행동에 대해 명확한 생각을 갖고 있거나 명백히 의도하지 않더라도 독립성과 어떤 일을 하려는 능력을 향유함.

(6) 투기적 계획 혹은 사업상의 계획을 수행하기 위한 작전 물량을 확보함.

(7) 유산을 남김.

(8) 순전히 인색함. 즉 지출 행위 그 자체에 대해 사리에 맞지 않지만 고집스럽게 반대함.

이 여덟 개의 동기를 각각 예비, 예견, 계산, 개선, 독립, 사업, 긍지, 탐욕으로 부를 수 있을 것이다. 그리고 이에 상응해 향유, 근시안, 후덕, 오산, 허식, 사치 같은 소비 동기의 목록이 만들어질 수 있을 것이다.

개인들이 축적하는 저축 이외에 중앙정부나 지방정부, 기관, 기업들도 소득의 많은 부분을 지출하지 않고 보류한다. 이렇게 보류되는 소득의 크기는 영국이나 미국 같은 현대 산업 경제에서는 축적된 총저축의 1/3에서 2/3에 이른다. 이런 보류의 동기는 개인들을 촉발시키는 동기와 유사하지만 완전히 동일하지는 않은데, 다음과 같이 주로 네 개가 있다.

(1) 사업 동기. 채무에 의지하거나 시장에서 더 많은 자본을 조달하지 않고 자본투자를 증가시키기 위한 자원을 확보함.

(2) 유동성 동기. 돌발 상황, 난관, 경기 침체 등에 대처하기 위해 유동성 자원을 확보함.

(3) 개선 동기. 소득이 점진적으로 증가하도록 함. 축적으로 인한 소득 증가는 효율성으로 인한 소득 증가와 거의 구별되지 않으므로, 소득 증가는 경영진을 비판으로부터 보호함.

(4) 사용자비용과 보조비용을 초과하는 금액을 미리 마련해 놓아서 자본 설비의 실제 마모율과 구식화율에 뒤지지 않고 오히려 그에 앞서서 채무를 변제하고 자산 비용을 결제할 수 있도록 함으로써 '안전한 길 위'에 있고자 하는 염려와 금전적 신중함.

이 책의 논의에서 우리는 지엽적으로 가끔 논의하는 경우를 제외하고는 영향의 파장이 큰 사회적 변화나 추세적 진보의 완만한 영향에 대해 관심을 갖지 않을 것이다. 다시 말해서 저축과 소비 각각에 대한 주관적 동기의 배경이 주어져 있는 것으로 가정할 것이다.

따라서 주관적 유인이나 사회적 유인의 주요 배경이 천천히 변화하기 때문에, 이자율과 다른 객관적 요소들의 변화가 끼치는 단기적 영향은 종종 부차적인 중요성만을 갖는다. 반면, 소비의 단기적 변화는 (임금 단위로 측정된) 소득이 획득되는 속도에 주로 의존하고, 주어진 소득에서 소비하는 비율인 소비성향의 변화에는 별로 좌우되지 않는다는 결론이 남는다.

그러나 우리는 한 가지 오해에 빠지지 않도록 주의해야 한다. 위의 논의가 뜻하는 바는 그리 크지 않은 이자율 변화가 소비**성향**에 끼치는 영향이 보통 크지 않다는 것이다. 그렇다고 이자율의 변화가 **실제로** 저축되고 소비되는 양에 작은 영향만을 끼친다는 것은 아니다. 오히려 그 반대다. 이자율 변화가 실제로 저축되는 양에 끼치는 영향은 매우 중요하다. 그러나 그 영향은 보통 생각되는 것과는 **반대의 방향으로** 이루어진다. 이자율이 높아지면 미래에 더 많은 소득이 획득될 것이라는 매력 때문에 소비성향이 감소할지라도, 이자율 상승은 실제로 저축되는 양을 감소시킬 것이 확실하다. 왜냐하면 총저축이 총투자에 의해 지배되기 때문이다. 이자율이 상승하면 (그에 상응하는 투자수요표의 변화를 통해 상쇄되지 않는 경우) 투자가 감소할 것이다. 따라서 이자율의 상승은 저축이 투자와 동일한 양으로 줄어드는 수준까지 소득을 감소시키는 결과를 가져온다. 소득은 그 절대량에서 투자보다 더 많이 감소하므로, 이자율이 상승하면 소비율이 감소하리라는 것은 사실이다. 그러나 그렇다고 해서 소득 중에서 저축이 될 부분이 더 커진다는 것은 아니다. 그 반대로, 저축과 지출이 **모두** 감소한다.

제10장 한계소비성향과 승수

주어진 상황에서 소득과 투자 사이, 그리고 어떤 단순화 가정 아래서 투자로 인해 직접적으로 발생한 고용(이것을 우리는 **일차고용**이라 부를 것이다)과 총고용 사이에 명확한 비율이 성립할 수 있다. 우리는 이 비율을 **승수**라 부를 것이다. 그러나 승수를 다루기 전에 **한계소비성향** 개념을 소개하는 것이 편리할 것이다.

$\frac{dC_w}{dY_w}$를 **한계소비성향**으로 정의하자.

이 양[한계소비성향]은 매우 중요하다. 왜냐하면 그것은 생산량의 다음 증가분이 소비와 투자 사이에 어떻게 배분될 것인가를 말해 주기 때문이다. ΔC_w와 ΔI_w를 각각 소비와 투자의 증가분이라 하면, $\Delta Y_w = \Delta C_w + \Delta I_w$다. 따라서 $\Delta Y_w = k\Delta I_w$로 쓸 수 있고, 여기서 $1-\frac{1}{k}$은 한계소비성향과 같다.

k를 **투자승수**라 부르기로 하자. 투자승수는 총투자가 증가하면 소득이 투자 증가분의 k배만큼 증가할 것임을 말해 준다.

칸(Kahn) 씨의 승수는 이와 약간 다르다. 그의 승수는 **고용승수**라 부를 수 있을 것이고 이것을 우리는 k' 으로 표시할 것이다. 고용승수는 투자 산업에서 발생하는 주어진 크기의 일차고용의 증가에 상응하는 총노동고용 증가량의 비율을 측정한다. 다시 말해서 투자 증가 ΔI_w로 인해 투자 산업에서 ΔN_2만큼의 일차고용이 증가하면, 총노동고용의 증가량은 $\Delta N = k' \Delta N_2$다. 일반적으로 $k = k'$ 이라 상정할 근거는 없다. 그러나 [승수와 관련된] 여러 아이디어들을 설명하기 위해서 $k = k'$ 인 단순화된 경우를 다루는 것이 편리할 것이다.

만일 한계소비성향이 1보다 크게 작지 않으면 투자가 조금만 변화하더라도 고용이 크게 변동할 것이다. 그러나 그와 동시에 비교적 조금만 투자가 증가하더라도 완전고용이 이루어질 것이다. 반면 한계소비성향이 0보다 그리 크지 않으면 투자가 조금 변화하면 그에 따라 고용도 조금 변화할 것이다. 그러나 그와 동시에 완전고용을 달성하기 위해서는 커다란 양의 투자 증가가 있어야 할 것이다. 현실에서 한계소비성향은 이 두 극한점 사이에, 그러나 0보다는 1에 더 가까운 곳에 위치하는 듯이 보인다. 그 결과 어떤 의미에서 우리는 두 세계의 가장 나쁜 경우들에 봉착해 있다. 즉 고용의 변동은 크고 그와 동시에 완전고용을 달성하는 데 필요한 투자의 증가분도 다루기에는 너무 크다. 불행하게도 고용의 변동 폭은 질병의 본성을 불명확하게 하기에 충분했고, 그 심각성은 그 본성이 이해되기 전에는 결코 치유될 수 없는 정도가 되어 버렸다.

지금까지 우리는 투자의 순증가를 다루었다. 따라서 만일 위의 논의를 (예를 들어) 공공사업에 아무런 제한 없이 적용하려면 투자가 감소함으로써 반대 방향으로 고용 증가가 상쇄되지 않고 또 물론 경제 전체의 소비성향에도 변화가 없어야 할 것이다. 현실의 경우에는 주어진 종류의 특정한 투자 증가 이외에도 마지막 결과에 영향을 끼치는 다수의 요소들이 존재한다.

다음 요소들은 현대사회에서 결코 간과되어서는 안 될 가장 중요한 요소인 것으로 생각된다.

(1) 정책은 고용을 증가시키고 그에 따라 물가를 상승시키는데, 이로 인해 현금의 증가가 필요하다. 이 현금 증가를 자금 조달하는 방법은 통화 당국이 반대의 효과를 불러올 수단을 실행하지 않는 한 이자율을 상승시켜 투자를 감소시킬 수 있다.

(2) 종종 팽배해 있는 대중의 혼동된 심리로 인해 정부의 프로그램은 대중의 '확신'에 대한 영향을 통해 대중의 유동성선호를 증가시키거나 자본의 한계효율을 감소시킬 수 있다.

(3) 대외무역이 진행되는 개방경제에서 투자 증가로 인한 승수의 일부는 외국의 고용을 증가시키는 데 기여할 것이다. 왜냐하면 소비 증가의 일부로 인해 자국의 대외수지가 상대적으로 악화될 것이기 때문이다. 따라서 세계 전체의 고용이 아니라 자국의 고용에 대한 영향만을 고려한다면 승수의 전체 크기는 감소할 수밖에 없다. 반면 자국은 이런 누출의 일부를 회복할 수 있는데, 이것은 외국의 경제활동을 증가시키는 데 작용하는 그 외국의 승수가 자국에 긍정적인 반향을 가져오기 때문이다.

비자발적 실업이 존재하면 노동의 한계비효용은 노동의 한계생산물 효용보다 반드시 작다. 실제로 훨씬 작다. 오랫동안 실업을 당하고 있는 사람에게 어느 정도의 노동은 비효용을 유발하기보다는 긍정적인 효용을 발생시킬 수 있는 것이다. 이것이 인정된다면, 위의 논의는 '낭비적인' 대부지출[14]이 그럼에도 불구하고 사회 전체의 부를 증가시킬 수 있음을 보여 준다. 피라미드 건축, 지진, 심지어는 전쟁조차도 부를 증진시키는 데 이바지할 수 있다. 단, 우리 정치가들이 고전학파 경제학의 원리들에 대해 받은 교육이 이런 좀 더 나은 상황으로 나아가는 길을 가로막지 않아야 할 것이다.

만일 재무성이 낡은 병을 지폐로 가득 채워 폐광된 탄광에 적당한 깊이로 묻어 둔 후 탄광의 표면까지는 동네 쓰레기로 채우고, 이미 여러 번 시도된 자유방임의 원칙 아래 탄광을 민간 기업에 맡겨서 그들로 하여금 지폐를 다시 채굴하도록 한다면(물론 채굴권은 지폐가 매장된 영역에 대한 임대차계약을 통해서 획득된다), 더 이상의 실업은 없을 것이고, 그 후속 영향을 통해 경제의 실질소득과 부가 현재의 것보다 훨씬 더 커질 것이다. 물론 주택 건설 같은 것이 더 사리에 맞을 것이다. 그러나 그것을 하는 데

---

14) '대부지출'이라는 용어를 개인들로부터의 대부를 통해 조달된 공공투자와 그런 식으로 조달된 다른 어떤 공공지출도 모두 포함하는 용어로 사용하는 것이 편리한 경우가 많다. 엄격히 말하면, 후자의 자금 조달은 음의 저축으로 계상되어야 한다. 그러나 정부에 의한 이런 종류의 행동은 개인의 저축에 영향을 끼치는 것과 동일한 종류의 심리적 동기에 영향을 받지 않는다. 따라서 '대부지출'은 자본계정이건 아니면 예산의 적자를 메우기 위한 것이건 공공 당국에 의한 모든 계정의 순채무를 표현하는 편리한 용어다.

정치적인 장애나 현실적인 난점이 있다면 위처럼 하는 것이 아무 일도 하지 않는 것보다 나을 것이다.

제4책

투자 요인

제11장 자본의 한계효율

개인이 투자를 하거나 자본 자산을 구매할 때, 그 개인은 자산의 수명 기간 동안 자산으로부터 산출되는 생산물에서 그 생산물을 얻기 위해 지불해야 할 운용비용을 공제한 다음에 그가 획득하리라 기대하는 일련의 예상 수익들에 대한 권리를 구매하는 것이다. 이 일련의 연차 수입금들 $Q_1, Q_2, \cdots, Q_n$ 을 투자의 **예상 수익**이라 부르는 것이 편리하다.

투자의 예상 수익 반대편에는 자본 자산의 **공급가격**이 있다. 이 가격은 문제의 자산과 동일한 종류의 자산이 실제로 시장에서 구매될 수 있는 시장가격이 아니라, 제조업자가 그런 자산을 추가적으로 한 단위 더 생산해 내도록 만들 최소한의 가격이다. 즉, 공급가격은 때때로 **대체비용**이라 불리는 것이다. 한 자본 자산의 예상 수익과 그 자산의 공급가격 혹은 대체비용 사이의 관계, 다시 말해서 한 유형의 자본의 추가 1단위와 그 1단위를 생산하는 비용 사이의 관계를 통해 우리는 그 유형의 **자본의 한계효율**을 얻는다. 좀 더 정확히 말하면, 자본의 한계효율은 자본 자산이 그 수명 기간 동안 발생시키리라 기대되는 수익으로 주어진 일련의 연차 수입금들의 현재 가치를 그 자산의 공급가격과 정확히 일치시키는 할인율과 같다. 이 과정을 통해 여러 특정 유형의 자본 자산들의 한계효율들이 구해진다. 그런 후 이 한계효율 중 가장 큰 것이 전체 자본의 한계효율로 간주될 수 있다.

독자들은 여기서 자본의 한계효율이 자본 자산의 수익에 대한 기대와 그 자산의 현재 공급가격을 통해 정의되고 있음에 주목해야 할 것이다. 자본의 한계효율은 일정 금액이 **새로이** 생산되는 자산에 투자되었을 때 그 금액에 대해 획득될 것이라 기대되는 수익률에 의존한다. 자본의 한계효율은 한 투자의 수명이 끝났을 때 그 기록을 뒤돌아 보면서 그 투자가 실제로 원래의 비용에 대해 발생시킨 역사적 결과에 의존하지 않는다.

각 유형의 자본에 대해 우리는 그 자본의 한계효율이 어떤 주어진 수치까지 하락하기 위해서 투자가 주어진 기간 동안 얼마나 증가해야 하는가를 보여 주는 표를 작성할 수 있다. 그런 후 모든 유형의 자본에 대해 이 표들을 총합해서, 총투자율과 그에 상응해 그 투자율이 성립시키는 전체 자본의 한계효율 사이의 관계를 표현하는 표를 만들 수 있다. 이 표를 투자수요표, 혹은 자본의 한계효율표라 부를 것이다.

이제 어떤 유형의 자본 자산에 대해서도 그 한계효율이 현행 이자율을 초과하지 않는 선까지 실제의 현재 시기 투자율이 추진될 것임은 분명하다. 다시 말하면, 투자율은 전체 자본의 한계효율이 시장이자율과 같은 투자수요표상의 점까지 추진될 것이다.[15)]

자본의 한계효율이 갖는 의미와 중요성에 대해 여러 혼동이 있었다. 그중 가장 중요한 혼동은 자본의 한계효율이 단순히 현재 시기의 수익이 아니라 **예상되는** 수익에 좌우된다는 것을 보지 못하는 데에서 기인한다. 오늘 생산된 설비로부터 나오는 생산물은 오늘보다 후에 생산되는 설비에서 나오는 생산물과 그 수명 기간 동안 경쟁해야 할 것이다. 오늘보다 후에 생산되는 설비는 더 낮은 노동비용이나 한층 진보된 생산기술에 의해 생산될 수도 있기 때문에, 기업가는 생산물에 대한 더 낮은 가격에도 만족할 것이고 그 만족을 주는 낮은 수준까지 생산물 가격이 떨어

15) 논의의 간결함을 위해 나는 현실에서는 자산으로부터 발생하는 여러 예상 수익들이 실현되는 데까지 지나야 할 여러 기간들에 상응하는 이자율과 할인율들의 복합체가 있다는 점을 간과했다. 그러나 이 점을 고려하기 위해 논의를 조정하는 것은 어려운 일이 아니다.

질 때까지 생산량을 증가시킬 것이다. 더 나아가 만일 생산물이 모두 좀 더 낮은 비용에 생산된다면, 구형 설비건 신형 설비건 자본 설비에서 획득되는 (금액으로 표현된) 기업가 이윤은 감소할 것이다. 이런 상황의 전개가 매우 가능하다고, 아니 조금이라도 가능하다고 예상되는 한, 오늘 생산되는 자본의 한계효율은 그에 맞게 감소한다.

이것이 통화량 변화에 대한 기대가 현행 생산물량에 영향을 끼치는 요소이기도 하다. 화폐가치가 하락할 것이라 기대되면 투자, 따라서 고용이 촉진된다. 왜냐하면 그런 기대는 자본의 한계효율표, 즉 투자수요표를 상승시키기 때문이다. 반대로 화폐가치의 상승에 대한 기대는 경기를 침체시킨다. 자본의 한계효율표가 낮아지기 때문이다.

이것이 어빙 피셔[16] 교수가 원래 '가치 상승과 이자'라 부른 것에 대한 이론의 근저에 있는 내용이다. [피셔의] 실

---

16) 어빙 피셔(Irving Fisher, 1867~1947) : 미국의 대표적인 초기 신고전학파 경제학자로, '피셔 교환방정식(통화량 × 통화 순환 속도 = 통화량을 통해 거래된 상품 거래량 × 물가)', '피셔 방정식(실질이자율 = 명목이자율 – 인플레이션율)', '피셔 가설(실질이자율은 화폐로 측정되는 양들과는 독립적이라는 가설)' 등으로 널리 알려져 있다. 경기 침체가 부채 전체량의 하락(부채 디플레이션) 때문이라는 그의 이론은 근래에 와서 긍정적으로 재평가되고 있다.(옮긴이 주)

수는 화폐가치의 예상된 변화가 직접적으로 영향을 끼치는 것이 주어진 자본 스톡의 한계효율이 아니라 이자율이라 생각한 데 있다. **현존하는** 자산의 가격은 화폐의 예상가치와 관련한 기대의 변화에 따라 언제나 조정된다. 기대의 그런 변화가 갖는 중요성은 그것이 자본의 한계효율에 끼치는 영향을 통해 기업가들이 **새로운** 자산을 생산할 의도에 영향을 주는 데 있다. 높은 가격에 대한 기대가 가져오는 긍정적인 효과는 그것이 이자율을 상승시키기 때문이 아니라 주어진 자본 스톡의 한계효율을 높이기 때문이다(이자율 상승 때문이라면 이것은 생산을 촉진하는 역설적인 방식일 것이다. 왜냐하면 이자율이 상승하는 만큼 긍정적인 효과가 상쇄될 것이기 때문이다).

보통 구별되지 않지만 구별하는 것이 중요한 두 유형의 위험이 투자량에 영향을 끼친다. 첫 번째는 기업가 위험 혹은 차입자 위험으로, 기업가가 자신이 희망하는 예상수익을 실제로 실현할 확률에 대해 마음속에 지니고 있는 회의에서 발생한다. 기업가가 자기 자신의 돈을 사용한다면 차입자 위험은 기업가에게 관련되는 유일한 위험이다.

그러나 대부 체계가 존재하는 곳에서는 대여자 위험이라 불릴 두 번째 유형의 위험이 관련된다(대부 체계라 함은 실물로나 개인적으로 위험으로부터의 안전을 보장하는 여분이 있는 상황에서 여신을 제공하는 것이다). 대여자 위험은 도덕적 해이, 즉 의도적인 의무 불이행이나 그 외 채무 변제를 회피하는 (어떤 경우는 적법한) 방법에 기인하기도 하고, 위험으로부터의 안전 보장 여분이 불충분할 가능성, 즉 기대가 어긋남으로 인해 발생하는 비의도적인 의무 불이행에 기인하기도 한다. 세 번째 유형의 위험이 첨가될 수도 있다. 이 위험은 화폐적 기준의 가치가 불리하게 변화할 가능성에 기인한다. 이 위험의 전체 혹은 대부분이 내구적인 실물 자산의 가격에 이미 반영되어 흡수되어 있기는 하겠지만, 이런 변화는 그 변화만큼 화폐 대부를 실질 자산보다 덜 안전한 자산으로 만든다.

이제 첫 번째 유형의 위험은 평균화를 통해서, 혹은 예견의 정확성을 높여서 감소시킬 수 있지만 어떤 의미에서 실질적인 사회적 비용이다. 그러나 두 번째 유형의 위험은 차입자와 대여자가 동일한 사람이었다면 존재하지 않았을 투자비용에 추가되는 순수한 첨가물이다. 더군다나 이 위험으로 인해 기업가 위험의 일부가 이중으로 작동한다. 투자를 유인할 최소한의 예상 수익을 발생시키기 위해서 기업가 위험의 일부가 순수한 이자율에 **두 번** 첨가되는 것이다. 사업이 위험한 경우 차입자는 자신이 대출 받을 가치가 있다고 생각하는 이자율과 기대하는 수익 사이에 더 큰 차이를 필요로 한다. 다른 한편으로 이와 동일한 이유로 대여자가 대출을 해 주기 위해서는 대여자가 부과하는 이자율과 순수이자율 사이의 여분이 더 커야 할 것이다. 매우 유리한 결과에 대한 희망은 차입자의 마음속에서는 위험을 상쇄할지 모르지만 대여자의 염려를 달래는 데는 소용이 없다.

자본의 한계효율표는 근본적인 중요성을 갖는다. 주로 (이자율보다 훨씬 더 강력하게) 바로 이 요소를 통해 미래에 대한 기대가 현재에 영향을 끼치기 때문이다. 자본의 한계효율을 주로 자본 설비의 **경상**수익을 통해 생각하는 실수는 오늘과 내일을 연결하는 이론적 고리를 절단하는 결과를 가져왔다. 그런 생각은 현재에 영향을 끼치는 변화하는 미래가 없는 정체 상태에서만 정당할 것이다.

정체 상태에 대한 가정이 오늘날의 경제 이론의 기초를 이루고 있다는 사실에 비추어 볼 때 그 이론에는 상당히 큰 비현실성의 요소가 자리 잡고 있다. 그러나 앞에서 정의된 사용자비용과 자본의 한계효율이라는 개념들을 도입하는 일은 필요한 적응의 정도를 최소한으로 줄이면서 경제 이론을 현실로 되돌리는 효과를 불러올 것이라 생각한다.

경제적 미래가 현재와 연결되는 것은 내구 설비가 존재하기 때문이다. 따라서 미래에 대한 기대가 내구 설비의 수요가격을 통해 현재에 영향을 끼친다는 생각은 우리의 광범위한 사고 원리와 부합하고 합치한다.

제12장 장기 기대 상태

예상 수익에 대한 기대의 기초를 이루는 고려 사항들은 일부는 현재의 사실들이고 일부는 미래의 사건들이다. 현재의 사실들은 정도의 차이는 있지만 우리에게 확실하게 알려져 있다고 가정될 수 있다. 미래의 사건들은 정도의 차이가 있는 확신을 통해 우리가 예측밖에 할 수 없다. 현재의 사실들이라고 언급될 수 있는 것으로는, 현재 존재하는 여러 유형의 자본 자산과 자본 자산 일반의 수량, 그리고 효율적인 생산을 위해서 자본으로부터 상대적으로 커다란 도움을 받아야 하는 상품들에 대한 현존 소비자의 수요의 강도가 있다. 후자에는 자본 자산 스톡의 유형과 수량 및 소비자 취향의 미래 변화, 고려 대상인 투자의 수명 동안 때때로 변화하는 유효수요의 강도, 그리고 투자의 수명 동안 발생할 수 있을 화폐임금 단위의 변화가 포함된다. 후자를 포괄하는 심리적 기대 상태를 종합해 **장기 기대 상태**라 부를 수 있다. 이것은 우리가 이미 제5장에서 살펴본 단기 기대와 구분된다. 단기 기대는 생산자가 현재의 공장을 사용해 오늘 어떤 생산물을 생산하기로 결정한다면 그 생산이 완성되었을 때 생산물에 대해 받을 수익에 대한 예측의 기초가 되는 기대다.

기대를 형성할 때 매우 불확실한[17] 사항들에 큰 가중치를 부여한다면 그것은 어리석은 짓일 것이다. 따라서 우리가 어느 정도 확신하는 사실들에 상당한 정도로 의거하는 것이 무리가 없다. 비록 이 사실들이 우리가 모호하고 빈약하게 아는 다른 사실들보다 당면한 문제에 대해 더 적은 결정적 관련성을 갖는다 하더라도 말이다. 이 이유 때문에 현재 상황의 사실들은 어떤 의미에서는 상대적으로 과도하게 장기 기대를 형성하는 데 관여한다. 통상적으로 우리는 현재의 상황을 받아들이고 그것을 미래에 투영한다. 현재의 상황은 변화가 있을 것이라 예상할, 정도의 차이는 있지만, 분명한 이유가 있을 때 그 정도에 한해서 수정될 뿐이다.

따라서 우리 결정의 기초가 되는 장기 기대 상태는 우리가 할 수 있는 가장 확률이 높은 예견에만 의거하지 않는다. 그것은 또한 그 예견을 할 때 우리가 갖는 **확신**의 정도에, 즉 우리가 최선으로 한 예견이 잘못된 것으로 판명

---

17) '매우 불확실한'이라는 말로 내가 표현하고자 하는 뜻은 '매우 확률이 낮은'이 뜻하는 바와 같지 않다. 나의 《확률론》 제6장의 '주장의 가중치'를 보라.

될 가능성을 얼마나 높게 평가하느냐에도 의거한다. 커다란 변화가 예견되지만 이 변화가 취할 정확한 형태가 매우 불확실하다면 우리의 확신 정도는 매우 낮을 것이다.

이런 상태를 나타내는 용어인 **확신 상태**는 실무에 종사하는 사람들이 언제나 가장 면밀하고 세심하게 주의를 기울이는 사항이다. 그러나 경제학자들은 그것을 세심하게 분석하지 않고 일반적인 용어로 논하는 것이 보통이다. 특히 확신 상태가 경제 문제에 대해 갖는 관련성은 그것이 자본의 한계효율표에 끼치는 중요한 영향에 기인한다. 두 개의 서로 다른 요소가 투자율에 영향을 끼친다. 하나는 자본의 한계효율표이고, 다른 하나는 확신 상태다. 확신 상태가 관련되는 이유는 그것이 자본의 한계효율표, 즉 투자수요표를 결정하는 주요 요소 중 하나이기 때문이다.

우리가 예상 수익을 추정할 때 사용하는 지식의 기초가 극도로 불안정하다는 것은 두드러진 사실이다. 지금부터 수년 후에 발생할 투자의 수익을 결정하는 요소들이 무엇인가에 대한 우리의 지식은 보통 매우 빈약하고 흔히 무시되어도 좋을 정도다.

실생활에서 보통 우리는 사실상 **관행**에 해당하는 것에 의지하기로 암묵적으로 동의하고 있다. 이 관행의 본질은 오직 변화를 예상할 분명한 이유가 있는 경우만 예외로 하고 현재의 상황이 무한히 지속될 것이라고 가정하는 것이다(물론 그렇게 단순하게 작동하지는 않지만 말이다). 그렇다고 현재의 상황이 무한히 지속될 것이라 실제로 사람들이 믿고 있다고 말하는 것은 아니다. 많은 사실에서 보듯이 현실이 그렇지 않다는 것을 우리는 알고 있다.

그럼에도 불구하고 관행에 의거한 계산 방법은 **사람들이 그 관행이 지속될 것이라 믿고 그 관행에 의지하는 한** 현실 상황이 상당한 정도로 연속적이고 안정적이라는 사실과 모순되지 않는다.

조직적인 투자시장이 존재하고 사람들이 관행의 지속에 의지할 수 있는 경우, 투자자는 **가까운 미래의 기간 동안** 객관적으로 보도되는 진정한 의미의 변화가 발생할 위험만이 자신에게 닥칠 유일한 위험이라고 생각할 수 있고, 그런 생각에 고무될 충분한 이유를 갖는다(그런 진정한 의미의 변화가 발생할 가능성에 대해 투자자는 스스로 판단을 내리려고 할 것이고, 실제로 그 가능성은 그리 크지 않다). 왜냐하면 관행이 지속된다고 가정하면, 투자자의 투자가치에 영향을 줄 수 있는 것은 그 변화뿐이고, 투자자는 자기의 투자가 지금부터 10년 후에 얼마만큼의 가치를 가질 것인가에 대해 아무것도 알지 못한다는 이유만으로 잠을 설칠 필요가 없기 때문이다.

그러나 관행은 사물에 대한 절대적인 관점에서 보면 매우 임의적인 것이다. 그렇기 때문에 관행에 약점이 있다는 사실은 놀라운 일이 아니다. 충분한 양의 투자를 확보해야 하는 작금의 문제에 결코 작지 않은 부분을 차지하는 것이 바로 관행이 불안정하다는 사실이다.

[주식시장에서는 시장에 대해] 무지한 수많은 개인들의 군중심리의 결과로 관행적인 가치 평가가 이루어진다. 그런데 투자의 예상 수익에 거의 영향을 끼치지 않을 요인들에 의해서라도 의견이 갑자기 변화하면, 이런 관행적인 가치 평가는 급격히 변화할 수 있다. 왜냐하면 관행적인 가치 평가에는 그것을 안정적으로 지탱할 강력한 확신의 뿌리가 없기 때문이다. 특히 비정상적인 시기에는 변화가 확실하게 일어날 것이라 예견할 명시적인 근거가 없다 하더라도 현재의 상황이 무한히 지속될 것이라는 가설은 보통 때에 비해 설득력이 떨어진다. 이런 상황에서 시장은 낙관과 비관의 출렁임에 빠질 것이다. 이런 감정의 출렁임은 뚜렷한 논거를 갖고 있지는 않지만 무리 없는 계산을 하기 위해 필요한 견고한 기초가 없는 상황에서는 어떤 의

미에서 정당한 것이다.

따라서 전문적인 투자자는 객관적인 보도나 분위기상 당장 발생할 변화 가운데 경험을 통해 볼 때 시장의 군중 심리에 가장 많이 영향을 끼칠 변화를 미리 예상하는 데 주의를 기울여야만 한다. 이것은 투자시장이 소위 '유동성'을 목적으로 조직되었다는 사실에서 비롯하는 불가피한 결과다. 정통파 금융 이론의 중심 명제 가운데 유동성 숭배 교리만큼 반사회적인 것은 없다. 유동성 숭배 교리는 투자 기관이 지녀야 할 적극적인 덕목이 자원을 '유동적인' 유가증권을 보유하는 데 집중하는 것이라고 한다. 그러나 이 교리는 사회 전체에서 투자의 유동성 같은 것은 존재하지 않는다는 사실을 망각하고 있다. 전문화된 투자의 사회적 목적은 우리의 미래를 에워싸고 있는 시간과 무지의 어두운 힘을 물리치는 것이어야 한다. 현재 가장 전문화된 투자의 실제적이고 개인적인 목적은, 미국인들이 잘 표현했듯이 '달리기에서 출발 총성이 울리기 전에 출발하는 것'이다. 즉, 대중의 허를 찌르고, 품질이 나쁘거나 가치가 떨어지고 있는 은화를 다른 사람에게 넘겨 버리는 것이다.

장기간에 걸친 투자의 예상 수익보다는 지금부터 얼마

안 되는 수개월 후에 있을 관행적 가치 평가의 기초를 미리 예상하려는 이런 기지의 싸움에서는 대중 속에 얼간이가 있어 이들이 전문가들의 뱃속을 채워 주어야 할 필요가 없다. 그런 싸움은 전문가들끼리 할 수 있다. 또 가치 평가의 관행적 기초가 어떤 진정한 장기적 타당성을 갖고 있다는 단순한 믿음을 가진 사람이 있을 필요도 없다. 왜냐하면, 말하자면 그런 싸움은 스냅 놀이나, 올드 메이드 카드 놀이, 혹은 의자 뺏기 놀이와 같기 때문이다. 이런 유희에서는 너무 빠르지도 너무 늦지도 않게 '스냅'이라 소리치는 사람이, 게임이 끝나기 전에 올드 메이드 카드를 옆 사람에게 넘기는 사람이, 음악이 끝날 때 의자를 확보하는 사람이 승자가 된다. 놀이에 참여하는 사람들은 올드 메이드 카드가 돌아가고 있다는 사실을, 혹은 음악이 멈출 때 몇몇 사람들에게는 앉을 의자가 없을 것이라는 사실을 알고 있으면서도 모두 들뜬 기분으로 놀이를 즐긴다.

은유를 약간 바꾸자면, 전문적인 투자는 백 명의 사진 중 가장 예쁜 여섯 명을 선발하는 내기에서 내기에 참여한 모든 경쟁자들의 평균 선호에 가장 가까운 얼굴을 선택한 사람이 상을 받는 신문사의 대회에 비유될 수 있다. 이 경우 각 경쟁자는 자신이 생각하기에 가장 예쁜 얼굴을 고르는 것이 아니라 다른 경쟁자들의 호감을 얻을 가능성이 가장 큰 얼굴을 골라야만 한다. 그리고 경쟁자들은 모두 이 문제를 동일한 관점에서 보고 있다. 이것은 자신이 판단하기에 정말로 가장 예쁜 얼굴을 고르는 문제도 아니고, 더 나아가 사람들이 순수하게 평균적으로 가장 예쁘다고 생각하는 얼굴을 고르는 문제도 아니다. 여기에서 우리는 평균적인 의견이 어떨 것인가에 대한 평균적인 의견을 예상하는 데 우리의 지적 능력을 쏟는 제3차 추론을 하고 있다. 내가 생각하기에 일부 사람들은 제4차, 제5차, 그리고 이보다 더 높은 차수의 추론을 하기도 한다.

오늘날 진정한 장기 기대에 근거한 투자는 너무 어렵기 때문에 거의 실용적이지 않다. 그렇게 투자하려는 사람은 다른 사람들이 어떻게 행동할 것인가를 다른 사람들보다 더 잘 추측하려고 하는 사람에 비해 훨씬 더 많은 노력을 기울이고 더 큰 위험을 부담해야만 한다. 그리고 두 사람이 동일한 지능을 지니고 있다 하더라도 전자가 더 큰 부정적 파장을 가져올 실수를 할 수 있다. 경험을 통해 볼 때, 사회적으로 이득이 되는 투자 정책이 가장 큰 이윤을 가져오는 투자와 일치한다는 분명한 증거는 존재하지 않는다. 출발 총성보다 빨리 출발하는 것보다 미래에 대한 우리의 무지와 시간의 힘을 이기는 것이 **더 높은** 지능을 필요로 한다. 더군다나 인생은 그리 길지 않다. 인간의 본성은 결과를 빨리 얻기를 원하고, 돈을 빨리 벌려는 데 특별한 열정을 보인다. 평균적인 사람들은 시간상 멀리 떨어진 이득을 매우 높은 비율로 할인한다.

지금까지 우리가 주로 염두에 두었던 것은 투기자 혹은 투기적 투자자의 확신 상태였는데, 다음과 같은 암묵적 가정을 하고 있었던 듯이 보인다. 즉, 투기자가 예상 수익에 만족하고 있다면 현행 시장이자율 아래에서 자금에 대해 무제한의 통제력을 갖고 있다는 것이다. 물론 현실은 그렇지 않다. 따라서 확신 상태의 다른 측면도 고려해야만 한다. 즉, 돈을 대출 받으려는 사람들에 대해 돈을 빌려주는 대출 기관의 확신이다. 이것을 신용 상태라 부르겠다. 주식가격이 폭락하면 자본의 한계효율에 커다란 부정적 영향을 끼친다. 그런데 이런 주식가격 폭락은 투기자의 확신 혹은 신용 상태가 약화되기 때문에 발생한다. 그러나 어느 하나라도 약화되면 가격 폭락이 발생하는 반면, 가격이 회복되기 위해서는 두 가지가 **모두** 회복되어야 한다. 왜냐하면 신용의 약화는 가격 폭락을 가져오기에 충분하지만, 신용의 강화는 회복의 필요조건이기는 하지만 충분조건이 아니기 때문이다.

투기 활동이라는 용어를 시장의 심리를 예측하는 활동으로, **기업 활동**을 자산이 수명 기간 동안 발생시킬 예상 수익을 예측하는 활동으로 사용하도록 내게 허락된다면, 나는 투기 활동이 기업 활동보다 항상 우세하지는 않다고 말할 것이다. 그러나 투자시장의 조직이 개선될수록 투기 활동이 우세해질 위험이 증가한다. 기업 활동이 안정적으로 이루어지고 있는 상태에서 투기자들이 거품을 일으키는 경우 아무런 해도 발생하지 않을 수 있다. 그러나 기업 활동이 투기 활동의 소용돌이 속에서 나타나는 거품이라면 상황은 심각해진다. 한 나라의 핵심 발전이 카지노 활동의 부산물로 이루어질 때, 그런 발전이 제대로 될 리 없다. 월스트리트는 미래의 수익으로 볼 때 가장 이윤이 높은 출구로 신투자를 인도하는 것이 바로 그 고유한 사회적 목적인 제도로 간주되어 왔다. 그러나 월스트리트가 자유방임적 자본주의의 선명한 승리 중 하나로 주장될 수는 없다. 이 결론은 놀라운 것이 아니다. 월스트리트의 뛰어난 인재들이 실제로는 다른 목적에 편향되어 있기 때문이다.

이런 경향은 '유동적' 투자의 시장이 성공적으로 조직되어 있는 한 거의 피할 수 없는 결과다. 공공의 이익을 위해서는 사람들이 카지노를 이용하지 못하도록 하거나 사용하기에 너무 비싸지도록 해야 한다고 보통 많은 사람들이 동의한다. 이와 동일한 결론이 주식시장에서도 나오는 듯하다.

만일 개인에 의한 투자 구매가 비유동적이 되어 버리면, 개인이 자신의 저축을 보유할 **대안**이 있는 한 신투자는 심각하게 저해될 것이다. 바로 여기에 딜레마가 존재한다. 개인이 **화폐** 축장이나 대부의 형태로 자신의 부를 사용할 수 있는 한, 실제로 자본 자산을 구매하는 대안은 충분히 매력적이지 않게 된다(자본 자산을 경영하지 않고 그것에 대해 그리 많이 알고 있지 않은 사람에게는 특히 그렇다). 예외가 있다면, 이 자산들이 쉽사리 현금화될 수 있도록 시장이 조직되는 경우일 것이다.

확신의 위기는 현대 세계의 경제적 삶에 영향을 끼친다. 이 위기를 치유할 유일한 급진적인 방법은 [한편으로] 개인들이 자신의 소득을 소비하는 결정과 [다른 한편으로] 비록 불확실한 근거에 기초하고는 있지만 자신이 택할 수 있는 가장 유망한 투자로 생각되는 특정한 자본 자산의 생산을 주문하는 결정 사이에 선택을 할 수 없게 만드는 것이다. 미래에 대한 회의가 평소보다 더 강해질 때 개인들은 당황 속에서 소비를 늘리고 신투자를 줄일 수도 있다.

그러나 그 경우, 그런 회의에 공격받을 때 소득을 소비와 신투자 그 어느 것에도 사용하지 않을 선택권이 주어진 경우 나타날 결과, 즉 엄청나게 파괴적이고 누적적이고 광범위한 파장을 피할 수 있을 것이다.

투기 활동으로 인한 불안정성 외에도 인간 본성의 특성에 기인하는 불안정성도 있다. 즉, 사람들이 행하는 적극적인 활동의 많은 부분은 수학적 기대 계산보다는 도덕적이건 쾌락주의적이건 아니면 경제적이건, 자생적인 낙관에 좌우된다. 완전한 결과가 나타나려면 매우 먼 미래까지 기다려야 함에도 불구하고 적극적으로 일하겠다는 결정은 대부분 동물적 생기의 결과, 즉 행동하지 않는 것보다는 행동을 취하려는 자생적인 충동의 결과일 수밖에 없다. 그런 결정은 양적인 편익을 양적인 확률로 곱해 얻는 가중평균의 결과가 아니다. 기업은 사업 전망 보고서를 아무리 솔직하고 진지하게 작성한다 하더라도 그 보고서의 보고대로 사업을 발동하는 척할 뿐이다. 남극 탐험보다 조금 더한 경우에만 기업은 미래의 편익에 대한 정확한 계산에 기초한다. 따라서 동물적 생기가 약해지고 자생적 낙관이 주춤거려서 수학적 기대 외에는 기댈 것이 없어지면 기업은 기가 쇠해서 사멸한다 — 손실에 대한 공포의 기초가 이윤에 대한 희망이 전에 가졌던 기초 이상으로 사리에 맞는 것이 아닐지라도 말이다.

이것은 경기 침체와 불황의 정도가 확대될 뿐만 아니라 경제적 번영이 평균적인 사업가의 기질에 맞는 정치사회적 분위기에 과도하게 의존한다는 것을 뜻하기도 한다. 만일 노동당 정권이나 뉴딜 정책에 대한 공포 때문에 기업 활동이 위축된다면, 그것은 적절한 계산의 결과도 아니고 정치적 의도를 가진 음모의 결과도 아니다. 그것은 자생적 낙관의 미묘한 균형이 무너진 결과다. 따라서 투자의 전망을 추정할 때 우리는 그 자생적 활동에 투자가 크게 의존하는 사람들의 신경과민이나 히스테리, 심지어는 그들의 소화 상태나 날씨에 대한 반응마저도 고려해야만 한다.

개인적이건 정치적이건 아니면 경제적이건 미래에 영향을 끼치는 인간의 결정은 엄격한 수학적 기대 계산에 의존할 수 없다. 그런 계산을 할 수 있게 하는 기초가 존재하지 않기 때문이다. 세상의 바퀴를 굴러가게 하는 것은 행동을 향한 인간의 내재적인 충동이다. 인간의 합리적 자아는 할 수 있는 최선의 방식으로 여러 선택지 사이에서 선택을 하는데, 할 수 있다면 계산을 하지만, 많은 경우 행동의 동기를 위해서 변덕이나 감정 혹은 우연에 의존한다.

더 나아가, 현실에서 미래에 대한 우리의 무지의 효과를 어느 정도 완화시키는 중요한 요소들이 있다. 따라서 장기 기대 상태에서 이자율의 변화와는 구분되는 단기의 변화가 끼치는 영향의 중요성을 충분히 고려한 후에는, 어쨌거나 정상적인 상황에서는 투자율에 결정적이지는 않지만 커다란 영향을 행사하는 요인으로서 이자율을 다시 고려할 수 있을 것이다. 그러나 이자율 관리가 적절한 투자량을 계속해서 촉진하는 데 얼마나 능력이 있을지는 오직 경험만이 말해 줄 수 있다.

내 입장에서 볼 때, 나는 이자율에 영향을 끼치기 위한 단순한 통화정책이 성공할지에 대해서 현재 약간 회의적이다. 국가는 장기적인 관점과 사회 전체적인 이득의 기초 위에서 자본재의 한계효용을 계산할 수 있다. 그렇기 때문에 나는 국가가 투자를 직접적으로 조직하는 데 어느 때보다도 더 큰 책임을 질 것을 기대한다. 왜냐하면 내가 앞에서 기술한 원리에 따라 계산되는 각종 자본의 한계효율에 대한 시장의 추정은 변화가 너무 크기 때문에 현실적인 이자율 변화에 의해 상쇄되지 않기 때문이다.

제13장 이자율의 일반이론

한 개인의 심리적 시간선호가 완전히 작동하기 위해서는 두 종류의 서로 다른 결정이 필요하다. 첫째는 내가 앞에서 **소비성향**이라 부른 시간선호의 측면과 관련된다. 소비성향은 각 개인이 자신의 소득 중 얼마만큼을 현재에 소비하고 얼마만큼을 미래 소비에 대한 **일정** 형태의 지배를 위해 유보할 것인가 결정한다.

그러나 이 결정이 내려진 후에는 또 다른 결정이 이 개인을 기다리고 있다. 이 결정은 현재의 소득에서건 과거의 저축에서건 그가 유보한 미래 소비를 **어떤 형태로** 지배할 것인가에 대한 결정이다. 즉각적이고 유동적인 지배 형태(즉, 화폐나 그와 동등한 것)로 보유하기를 원할 것인가? 아니면 명시된 일정 기간이나 명시되지 않은 기간 동안 즉각적인 지배를 포기하고, 필요할 경우 특정 재화에 대한 연기된 지배를 재화 일반에 대한 즉각적 지배로 전환하는 조건을 미래의 시장이 결정하도록 내버려 둘 것인가? 다시 말하면, 그의 **유동성선호**의 정도는 얼마인가? 한 개인의 유동성선호는 여러 다른 상황 속에서 개인이 화폐의 형태로 보유하기를 원하는 자원의 양(화폐나 임금 단위로 측정된)의 표로 주어진다.

앞으로 보게 되겠지만, 기존에 인정되어 왔던 이자율 이론들의 오류는 심리적 시간선호의 이 두 구성 요소 중 두 번째를 간과하고 첫 번째만을 고려하고 여기에서 이자율을 도출하려 한 것이다.

이자율은 유동성을 포기하는 대가다. 따라서 어느 한 시점에서 이자율은 화폐를 보유한 사람들이 화폐에 대한 유동적인 지배력을 포기하지 않으려는 의지의 척도다. 이자율은 투자 자원에 대한 수요와 현재 소비를 절제하려는 의도 사이에 균형을 맞추는 '가격'이 아니다. 이자율은 부를 화폐 형태로 보유하고자 하는 욕구와 현재 사용 가능한 현금의 양 사이에 균형을 맞추는 '가격'이다. 따라서 이자율이 내려가면, 즉 현금을 포기하는 데 대한 보수가 감소하면, 사람들이 보유하고자 하는 총현금의 양이 사용 가능한 공급량을 초과할 것이다. 거꾸로 이자율이 올라가면, 아무도 보유하기를 원하지 않는 현금의 잉여가 생길 것이다. 이 설명이 옳다면, 유동성선호와 함께 화폐량은 일정 상황에서 실제의 이자율을 결정하는 다른 요소다.

여기서 유동성선호 같은 것이 왜 존재하는지 살펴보기

로 하자. 이와 관련해서 현재 경제활동에서의 거래를 위해 화폐를 사용하는 것과 부의 저장 수단으로서 화폐를 사용하는 것에 대한 오래된 구분을 사용하는 것이 도움이 될 것이다. 이 두 가지 사용처의 첫 번째와 관련해서 이야기하자면, 유동성의 편이를 위해 어느 정도의 이자를 희생하는 것이 어느 정도까지는 가치가 있음이 분명하다. 그러나 이자율이 결코 음이 아니라는 사실을 고려할 때, 이자를 가져다주는 형태로 부를 보유하지 않고 이자가 거의 없거나 전혀 없는 형태로 부를 보유하기를 원하는 사람들이 있는 이유는 무엇인가? 부를 보유하는 수단으로서 화폐를 원하는 유동성선호의 존재를 위해서 반드시 필요한 조건이 있다.

이 필요조건은 이자율의 미래에 대한, 즉 미래의 어떤 날에 실제로 확립되어 있을 여러 만기의 이자율들의 복합체에 대한 **불확실성**의 존재다. 왜냐하면 미래의 모든 날에 확립되어 있을 이자율들이 확실하게 예견될 수 있다면, 모든 미래의 이자율들은 여러 만기의 부채에 대한 **현재**의 이자율들로부터 추정될 수 있기 때문이다(현재의 이자율들은 미래의 이자율들에 대한 지식에 따라 조정될 것이다). 예를 들어, ${}_1d_r$이 1파운드를 r년 동안 연기했을 때 현재 연도인 제1년에 가질 가치라 하고, ${}_nd_r$이 1파운드를 현재 연도에서 r년 동안 연기했을 때 제n년에 가질 가치라는 것이 알려져 있다면, 다음 식이 성립한다.

$$ {}_{n}d_{r} = \frac{{}_{1}d_{n+r}}{{}_{1}d_{n}}. $$

따라서 어떤 부채가 지금부터 n년 이후에 현금으로 전환되는 비율은 현재 이자율들의 복합체 중 두 개의 이자율로 결정된다. 만일 현재 이자율이 모든 만기의 부채에 대해 양의 값을 갖는다면, 부의 저장 수단으로서 현금을 보유하는 것보다 부채를 보유하는 것이 반드시 더 유리하다.

반면 미래의 이자율이 불확실하면, 실제로 시간이 다가왔을 때 다음과 같아질 것이라고 안전하게 추정할 수 없다.

$$ {}_{n}d_{r}\text{이 } \frac{{}_{1}d_{n+r}}{{}_{1}d_{r}} $$

따라서 n년의 만기가 오기 전에 유동적 현금에 대한 필요가 상당한 정도로 발생하면, 장기부채를 구매한 후 이것을 후에 현금으로 전환하는 것은 처음부터 현금을 보유하는 것에 비해 손실을 초래할 위험이 있다. 회계에 따른 이윤, 즉 현재의 확률에 따라 계산된 이득에 대한 수학적 기댓값은 기대가 어긋날 위험을 보상하기에 충분해야 할 것이다(물론 그렇게 계산될 수 있다는 조건에서 말이다. 그러나 이것이 가능한지는 회의적이다).

더 나아가, 부채를 거래하는 조직된 시장이 존재하는 경우, 이자율의 미래에 대한 불확실성이 존재하기 때문에 발생하는 유동성선호에 대한 또 다른 근거가 있다. 사람들은 예상 수익에 대해 서로 달리 추정할 것이다. 어떤 사람이 시장에서 고시되는 값으로 표현되는 지배적인 견해와 다른 견해를 갖는다면, 그 사람은 유동 자원을 보유할 충분한 이유를 갖고 있을 수 있다. 때가 되어 ${}_1d_r$들이 서로 잘못된 관계에 있음이 밝혀질 때 그가 옳았을 경우 이득을 획득하려고 하기 때문이다.

자본의 한계효율이 '최선'의 견해에 의해서가 아니라 군중심리에 따라 결정되는 시장의 가치 평가에 의해서 고정되는 것과 같이, 이자율의 미래에 대한 기대도 군중심리에 의해 결정되고 이런 기대는 유동성선호에 영향을 끼친다. 그러나 유동성선호의 경우 다음이 덧붙여진다. 즉, 미래의 이자율이 시장에서 확립된 비율을 상회할 것이라 믿는 개인은 실제로 유동적인 현금을 보유할 이유를 갖고 있고, 그와는 다른 방향으로 시장의 견해와 다른 개인은 만기가 더 긴 부채를 구매하기 위해 단기간 동안 화폐를 차입할 동기를 갖는다. 시장가격은 '곰(약세장 전망자)'들에 의한 매도가 '황소(강세장 전망자)'들에 의한 매입과 균형을 이루는 점에서 결정된다.

위에서 구분한 유동성선호의 세 가지 종류는 다음의 동기들에 의존한다고 정의될 수 있을 것이다. (1) 거래적 동기, 즉 개인적 교환과 사업적 교환의 현재 거래를 위한 현금의 필요. (2) 예비적 동기, 즉 전체 자원의 일정 부분과 동등한 가치의 미래 현금을 확보하고자 하는 욕구. (3) 투기적 동기, 즉 미래에 어떤 일이 일어날지 시장보다 더 잘 앎으로써 이득을 확보하고자 하는 목적. 자본의 한계효율에 대한 논의에서처럼, 채무를 거래하기 위해 고도로 조직된 시장이 존재하는 것이 바람직한 것인가의 문제는 딜레마다. 조직된 시장이 없다면 예비적 동기에 따른 유동성선호는 크게 증가할 것이다. 반면 조직된 시작이 존재하면 투기적 동기에 따른 유동성선호가 크게 요동칠 가능성이 생긴다.

일반적으로 화폐량을 이자율과 관련시키는 유동성선호표는 화폐량이 증가하면 이자율이 하락하는 형태의 매끈한 곡선으로 주어진다고 생각할 수 있다. 이 결과를 가져오는 몇 가지 원인들이 있다.

먼저, 이자율이 하락하면, 다른 모든 것이 일정할 때 거래적 동기에 따른 유동성선호가 더 많은 화폐량을 흡수할 가능성이 있다. 왜냐하면 만일 이자율 하락이 국민소득의 증가를 가져오면, 거래를 위해 보유하는 것이 편리한 화폐량이 정도의 차이는 있지만 소득의 증가에 비례해서 증가할 것이기 때문이다. 동시에, 즉각적으로 사용할 수 있는 현금이 많아지기 때문에 이자의 상실이라는 형태로 발생하는 편리성의 비용이 감소할 것이다. 둘째로, 이자율이 하락하면 언제나 미래의 이자율에 대해 시장의 견해와 다른 견해를 가진 개인들이 보유하기를 원하는 현금의 양이 증가한다.

그럼에도 불구하고 화폐량이 크게 증가하더라도 이자율에 비교적 작은 영향을 남기는 상황이 생길 수도 있다. 화폐량이 크게 증가하면 미래에 대한 불확실성을 매우 크게 증가시켜 예비적 동기에 따른 유동성선호가 강화될 수 있기 때문이다. 또한 미래의 이자율에 대한 견해가 아주 균일해서 현재 이자율들이 조금만 변하더라도 커다란 양의 부가 현금의 형태로 전환될 수도 있기 때문이다. 경제 체계의 안정성, 그리고 화폐량의 변화에 대한 경제 체계의 민감도가 불확실성에 대한 견해의 **다양성**에 그토록 좌우된다는 것은 흥미로운 일이다. 우리가 미래에 대해 알고 있다면 그것이 최선의 경우다. 그러나 그렇지 않다면 화폐량을 변화시켜 경제 체계의 활동을 통제하고자 할 경우 견해들이 서로 다르다는 것은 매우 중요하다.

제14장 고전학파 이자율 이론

이 전통[고전학파 이자율 이론]에서 이자율은 투자수요와 저축 의지가 균형을 이루도록 만드는 요소로 간주되어 왔다. 한 상품의 가격이 그 상품에 대한 수요와 그 상품의 공급이 일치하는 점에서 필연적으로 고정되는 것처럼, 이자율도 시장의 힘을 통해 그 이자율에서의 투자량이 그 이자율에서의 저축의 양과 일치하는 점에서 정지 상태에 머문다.

고전학파 이자율 이론은 다음과 같이 생각하고 있는 듯하다. 즉, 자본 수요 곡선이 이동하거나, 혹은 주어진 소득에서 발생할 저축의 양과 이자율을 연결시키는 곡선이 이동하거나, 혹은 이 두 곡선이 모두 이동하면, 새로운 위치로 이동한 이 두 곡선들의 교차점에서 새로운 이자율이 결정된다는 것이다. 그러나 이것은 말이 안 되는 이론이다. 왜냐하면 소득이 일정하다는 가정은 이 두 곡선들이 서로 독립적으로 이동할 수 있다는 가정과 모순되기 때문이다. 두 곡선 중 하나가 이동하면 일반적으로 소득이 변화한다. 그 결과 소득이 주어져 있다는 가정에 기초한 이론의 전체 체계는 붕괴하고 만다. 고전학파 이론은 소득수준의 변화가 갖는 관련성이나 소득수준이 실제로 투자율의 함수일 가능성에 대해 감각이 없었다.

[고전학파의] 실수는 이자를 축장하지 않는 행위에 대한 보수가 아니라 기다림 그 자체에 대한 보수로 간주하는 데 기인한다. 여러 위험도를 갖는 대부나 투자에 대한 수익률을 기다림 그 자체에 대한 보수가 아니라 위험을 감수하는 행위에 대한 보수로 간주할 때 비로소 그것을 제대로 이해하는 것과 마찬가지다. 실제로 수익률과 소위 '순수' 이자율을 명확히 구분하는 선은 없다. 이것들은 모두 이러저러한 종류의 불확실성이라는 위험을 감수하는 행위에 대한 보수다. 화폐가 오직 거래를 위해서만 사용되고 가치의 저장 수단으로는 전혀 사용되지 않을 경우에만 다른 이론이 적합할 것이다.

보통 화폐량이 증가하면 적어도 일차적으로는, 그리고 단기적으로는 이자율이 감소하는 경향이 있다고 생각되어 왔다. 그러나 화폐량의 변화가 어떻게 투자수요표나 주어진 소득에 상응하는 저축 의지에 영향을 끼치는지는 설명되지 않았다. 따라서 고전학파는 화폐 이론을 다루는 제2권과 가치 이론을 다루는 제1권에서 사뭇 서로 다른 이자율 이론을 제시했다. 그들은 여기서 발생하는 갈등에 무심했고, 내가 아는 한 두 이론을 연결하는 다리를 세우려는 시도를 하지 않았다. 이것은 원래의 고전학파의 경우다. 왜냐하면 신고전학파는 이 두 이론을 연결하려는 시도를 했고, 그럼으로써 최악의 혼란을 일으켰기 때문이다. 신고전학파는 투자수요표를 충족시키는 공급의 원천이 **두 개**가 있음에 틀림없다고 추론했다. 하나는 고전학파가 다룬 저축인 원래 의미의 저축이고, 다른 하나는 화폐량의 증가로 인해 사용 가능해진 금액이다(이 후자의 금액은 민간 부문에 가해지는 일종의 조세, 즉 '강제저축' 또는 그와 유사한 이름으로 불리는 일종의 조세에 의해 충당된다). 이 생각은 '자연' 이자율, '중립' 이자율, 혹은 '균형' 이자율, 즉 '강제저축'으로 인한 추가분 없이 고전학파의 원래 저축과 투자를 일치시키는 이자율이 존재한다는 생각으로 이어진다. 그러고는 출발점이 옳았다고 가정할 때 나올 해법 중에서 가장 명백한 해법에 대한 생각으로 이어진다. 즉, 화폐량이 어떠한 상황에서도 **일정하게** 유지될 수만 있다면 이런 복잡한 일들은 어떤 것도 일어나지 않았을 것이라는 것이다. 그들이 상정하는 바대로 투자가 원래의 저축을 초과할 때 발생하는 해악이 더 이상 가능하지 않기 때문이라는 것이다. 그러나 여기서 우리는 깊은 물속에 빠지고 만다. "야생 오리는 깊은 물속으로, 할 수 있는 한 최대로 깊게 잠수했다. 그러고는 잡초며 다시마며 그 아래에 있는 모든 잡동사니를 꽉 물어 버렸다. 예사롭지 않게 영리한 개가 아니고서는 오리를 쫓아 그 물속으로 잠수해 오리를 다시 건져 낼 도리가 전혀 없을 것이다."

제15장 유동성에 대한 심리적 유인과 사업적 유인

이제 유동성선호에 대한 동기를 좀 더 상세하게 분석할 때가 되었다. 동기를 분석하는 데 있어 동기들을 어떤 항목들로 분류하는 것이 편리하다.

(1) **소득 동기**. 현금을 보유하는 이유 중 하나는 소득을 수령하는 시기와 그것을 지출하는 시기 사이의 간격을 연결시키는 것이다. 어떤 일정한 양의 현금 총량을 보유하려는 결정을 유도하는 데에서 이 동기가 갖는 강도는 소득의 양, 그리고 소득 수령 시기와 소득 지출 시기 사이 간격의 정상적인 크기에 좌우된다. 바로 이 관련 속에서 화폐의 소득 속도 개념이 엄격히 적용된다.

(2) **사업 동기**. 위의 경우와 비슷하게, 사업비용이 발생하는 시점과 판매 수입금을 수령하는 시점 사이의 간격을 연결하기 위해 현금이 보유된다. 매매업자가 상품 구매와 매출 실현 사이의 간격을 연결하기 위해 보유하는 현금도 이 항목에 속한다. 이 수요의 강도는 주로 현재 시기의 산출량(따라서 현재 시기의 소득)과 생산물이 거쳐 가는 사람 손의 수에 좌우된다.

(3) **예비적 동기**. 뜻밖의 사건이 일어나 갑작스런 지출이 필요할 때와 예견되지 않은 기회를 통해 어떤 구매가 유리한 것으로 판명될 때에 대비하는 것, 또 화폐로 고정되어 있는 미래의 채무를 충족하기 위해 가치가 화폐로 고정되어 있는 자산을 보유하는 것이 현금을 보유하려는 추가적인 동기다.

이 세 가지 형태의 동기들의 강도는 모두 필요한 경우 어떤 형태의 한시적인 차입 형태로, 특히 당좌대월이나 그와 동등한 방식으로 현금을 획득하는 방법이 얼마나 저렴한가, 그리고 신뢰성이 있는가에 부분적으로 좌우된다. 왜냐하면 현금이 실제로 요구될 때 별 어려움 없이 그 현금을 조달할 수 있다면 간격을 연결하기 위해 유휴 현금을 보유할 필요가 없기 때문이다. 이 동기들의 강도는 또 우리가 현금 보유의 상대적 비용이라 부를 것에 좌우된다. 만일 이윤을 가져다주는 자산의 구매를 포기해야만 현금을 보유할 수 있다면, 이것은 비용이 증가하는 것이며 따라서 일정량의 현금을 보유할 동기가 약화된다. 예금으로부터 이자를 획득하거나, 아니면 현금을 보유함으로써 은행의 이자 부과를 피한다면, 이것은 비용이 줄어드는 것이고 현금 보유의 동기를 강하게 만든다.

(4) 마지막으로 **투기적 동기**가 남아 있다. 통화량 관리

(혹은 그런 관리가 없는 경우 통화량의 우연적인 변화)가 경제 체계에 영향을 끼치는 것은 그것이 투기적 수요에 영향을 끼치기 때문이다. 경험을 통해 보면, 투기적 동기를 충족시키기 위한 총화폐 수요는 이자율의 점진적인 변화에 대해 보통 연속적으로 반응한다. 즉 투기적 동기를 충족시키기 위한 화폐 수요의 변화와, 다양한 만기 채권과 부채 가격의 변화로 측정되는 이자율 변화 사이를 연결하는 연속곡선이 존재한다.

그러나 투기적 동기를 다룰 때 다음을 구분하는 것이 중요하다. 즉, 유동성 함수에 아무런 변화 없이 투기적 동기를 충족시키기 위해 사용 가능한 화폐 공급이 변화하기 때문에 발생하는 이자율 변화와, 유동성 함수 자체에 영향을 끼치는 기대의 변화에 일차적으로 기인하는 이자율 변화 사이의 구분이다. 뉴스로 보도되는 변화로 인해 기대가 수정되면 그에 따라 유동성 함수 자체가 변화하는데, 이런 변화는 종종 비연속적이고 따라서 이자율의 변화도 비연속적이 된다. 실제로 뉴스로 보도되는 변화를 여러 사람들이 서로 다르게 해석하거나 이 변화가 개인들의 이해관계에 서로 다른 영향을 끼치는 한에서만 채권시장에서의 거래가 증가할 여지가 있다. 만일 뉴스로 보도되는 변화가 모든 사람들의 판단과 필요 사항들에 정확히 동일한 방식으로 영향을 끼친다면 아무런 시장 거래도 필요 없이 (채권과 부채의 가격으로 표시되는) 이자율은 새로운 상황에 즉각적으로 조정될 것이다.

거래적 동기와 예비적 동기를 충족시키기 위해 보유되는 현금의 양을 M_1, 투기적 동기를 충족시키기 위해 보유되는 현금의 양을 M_2라 하자. 이 두 구획의 현금에 상응하는 두 개의 유동성 함수 L_1과 L_2가 존재한다. L_1은 주로 소득수준에 좌우되며, L_2는 주로 현행 이자율과 기대 상태의 관계에 좌우된다. 따라서 다음과 같다.

$$M = M_1 + M_2 = L_1(Y) + L_2(r).$$

화폐의 소득 속도가 M에 대한 Y의 비율로 정의되는지, 아니면 M_1에 대한 Y의 비율로 정의되는지 항상 분명하지는 않다. 그러나 나는 화폐의 소득 속도를 후자의 의미로 사용하기를 제안한다. 따라서 만일 V가 화폐의 소득 속도라면 다음과 같다.

$$L_1(Y) = \frac{Y}{V} = M_1.$$

물론 V가 일정하다고 가정할 수 있는 아무런 근거도 없다. 그 값은 금융과 산업 조직의 성격, 사회적 습관, 서로 다른 사회 계급 간의 소득분배, 유휴 현금을 보유하는 실질적 비용에 영향을 받을 것이다. 그렇지만 우리가 단기를 염두에 두고 있기 때문에 이 요소들에 아무런 실질적인 변화도 일어나지 않는다고 안전하게 가정할 수 있다면, V는 거의 충분하게 일정한 것으로 다루어질 수 있을 것이다.

현금을 M_2의 양으로 보유하게끔 하는 유동성선호의 형태인 L_2에 대한 설명 중 우리가 이해할 수 있는 유일한 설명은 이자율의 미래 움직임에 대한 **불확실성**이다. 따라서 M_2와 이자율 사이에는 명확히 정의된 수량적 관계가 존재하지 않는다. 중요한 것은 r의 **절대** 수준이 아니라, 실제로 사용하는 확률 계산을 염두에 두었을 때 상당히 **안전한** 수준이라고 간주되는 수준에서 r의 절대 수준이 얼마나 멀리 떨어져 있느냐다.

이자율이 매우 심리적인 현상이라는 점은 분명하다. 이자율은 완전고용에 상응하는 수준보다 **낮은** 곳에서 균형에 머물러 있을 수 없다. 왜냐하면 그 수준에서는 진정한 인플레이션 상태가 발생할 것이고 그 결과 계속 증가하는 현금의 양은 M_1에 의해 흡수될 것이기 때문이다. 그러나 완전고용에 상응하는 수준보다 **높은** 곳에서는 장기시장이자율은 통화 당국의 현행 정책뿐만 아니라 미래 정책에 대한 시장의 기대에도 좌우될 것이다. 단기이자율은 통화 당국에 의해 쉽게 통제된다. 통화정책이 매우 가까운 미래에 크게 변하지 않을 것이라는 믿음을 만들어 내는 것이 어렵지 않고, 또 손실이 있더라도 그 손실은 현행 수익에 비해 작기 때문이다. 그러나 장기이자율은 과거의 경험으로 볼 때, 그리고 **미래**의 통화정책에 대한 현재의 기대에 근거해 판단할 때, 대표적인 의견이 '불안전'하다고 간주하는 수준 이하로 일단 떨어진 다음에는 단기이자율보다 더 완강할 수 있다. 따라서 실험적인 성격을 갖고 있다거나 쉽게 변경될 것이라고 대중에게 인식되는 통화정책은 장기이자율을 크게 감소시키고자 하는 목적을 달성하지 못할 수 있다. 왜냐하면 r이 일정한 수준 이하로 내려가면 M_2가 거의 무한정으로 증가할 수 있기 때문이다.

이자율은 심리적인 현상이 아니라 매우 관행적인 현상이라고 말하는 것이 어쩌면 더 정확할지도 모르겠다. 왜냐하면 이자율의 실제 값은 그 값이 어떨 것인가에 대한 기대와 관련해 널리 퍼져 있는 견해에 주로 좌우되기 때문이다. **어떤** 이자율이라도 그것이 오랫동안 지속될 것 **같다**

고 충분한 설득력을 갖고 인정되기만 하면 그 이자율은 **실제로** 지속될 것이다. 물론 변화하는 사회에서는 이자율이 온갖 이유로 인해 정상 기대치 주위를 오르내릴 것이다. 특히 M_1이 M보다 더 빨리 증가하면 이자율이 증가할 것이고, 반대의 경우도 마찬가지다. 그러나 이자율은 완전고용을 달성하기에는 만성적으로 너무 높은 수준 주위를 수십 년 동안 오르내릴 수 있다. 특히 이자율이 자기 조정적이라는 생각이 널리 퍼져 있을 때 더욱 그렇다. 이자율이 자기 조정적이라 생각되면 관행에 의해 확립되어 있는 이자율 수준이 관행보다 훨씬 더 강력한 객관적 근거에 뿌리를 두고 있다고 간주되고, 대중과 정부 당국 모두 고용이 최적 수준을 달성하지 못하는 것이 부적합한 범위의 이자율들이 만연해 있다는 사실과는 관련이 전혀 없다고 생각한다.

완전고용을 달성하기에 충분할 정도로 유효수요를 높이 유지하는 데 따르는 난관은 관행적이고 상당히 안정적인 장기이자율을 변덕스럽고 매우 불안정한 자본의 한계효율과 연관시키는 데서 발생한다는 사실이 이제 독자들에게 분명해졌을 것이다.

우리는 좀 더 큰 희망을 주는 반성을 통해 마음의 평안을 정당하게 얻을 수 있는데, 그런 마음의 평안은 다음과 같은 희망에서 얻을 수 있다. 즉, 관행은 확실한 지식에 근거해 있지 않기 때문에 통화 당국이 정책 목표에 어느 정도의 지속성과 일관성을 보여 준다면 관행은 그런 정책에 대해 항상 지나치게 경직적이지는 않을 것이다. 사람들의 견해는 이자율이 너무 지나치지 않은 정도로 하락하면 그에 상당히 신속하게 적응할 수 있고, 미래에 대한 관행적인 기대도 그에 따라 수정될 수 있다. 그렇게 해서 사람들은 어느 점까지는 앞으로의 변화에 대해 준비할 수 있다.

통화 당국이 여러 조건과 위험을 가진 부채들에 대해 일정한 여러 이자율을 결정할 수 있는 능력에는 몇몇 제한이 있다. 이자율이 어느 수준 이하로 내려간 후에는 유동성선호가 거의 절대적이 될, 즉 거의 모든 사람들이 그토록 낮은 이자율을 수익으로 가져오는 부채보다는 현금을 더 선호할 가능성이 있다. 이런 경우 통화 당국은 이자율에 대한 효과적인 통제권을 상실할 것이다.

제16장 자본의 본질에 대한 단상

개인의 저축 행위는 말하자면, 오늘 저녁 식사를 하지 않겠다는 결정을 뜻한다. 그러나 그 행위가 지금으로부터 1주일 후 혹은 1년 후 저녁 식사를 하겠다거나 한 켤레의 구두를 사겠다는 결정, 즉 어떤 특정한 시점에 어떤 특정한 상품을 소비하겠다는 결정을 반드시 필연적인 것으로 만들지는 **않는다**. 따라서 개인의 저축 행위는 오늘의 저녁 식사를 준비하는 사업을 침체시키지만 미래의 어떤 소비 행위를 준비하는 사업을 촉진시키지는 않는다. 저축 행위는 현재의 소비 수요를 미래의 소비 수요로 대체하는 것이 아니다. 저축은 현재 소비 수요의 순감소다. 더 나아가 미래 소비에 대한 기대는 현재 소비에 대한 현재의 경험에 크게 의존하기 때문에 후자가 감소하면 전자는 침체할 가능성이 높다. 그 결과, 저축 행위는 단순히 소비재 가격을 하락시키고 현재 자본의 한계효율을 그대로 유지하는 것이 아니라 실제로 후자도 감소시킬 수 있다. 이 경우 저축 행위는 현재의 소비 수요뿐만 아니라 현재의 투자수요도 감소시킬 수 있다.

개인의 저축 행위가 개인의 소비 행위와 마찬가지로 유효수요를 창출하는 데 좋다는 생각은 거의 보편적이긴 하지만 터무니없는 생각이다. 이 생각은 다음과 같은 오류를 통해 진작되었는데, 이 오류는 그것으로부터 도출되는 결론보다 훨씬 더 그럴듯하게 보인다. 즉, 부를 보유하고자 하는 욕구의 증가는 투자를 보유하고자 하는 욕구의 증가와 거의 같은 것으로서 투자수요를 증가시킴으로써 투자의 생산을 촉진시키고, 그 결과 개인의 저축은 현재의 소비가 감소하는 것과 동일한 정도로 현재의 투자를 촉진시킨다는 것이다.

사람들의 마음에서 이 오류를 떼어 내는 것만큼 어려운 일은 없다. 이 오류는 부의 소유자가 자본 자산 그 **자체**를 원한다고 믿는 데서 유래한다. 그러나 그가 실제로 원하는 것은 자본 자산이 가져다줄 **예상 수익**이다. 그런데 예상 수익은 미래의 유효수요가 미래의 공급 상황과 갖는 관계에 대한 기대에 좌우된다. 따라서 만일 저축 행위가 예상 수익을 개선하는 데 아무런 일도 하지 않는다면 그것은 투자를 촉진하는 데 아무런 일을 하지 않는 것과 같다. 더 나아가 개별 저축자가 부의 소유에 대한 목표를 달성하는 데에는 그의 욕구를 충족시킬 자본 자산이 **추가적으로** 생산될 필요가 없다. 한 개인에 의한 단순한 저축 행위는

이중적이어서, 어떤 다른 개인으로 하여금 기존의 것이건 아니면 새로운 것이건 어떤 부의 항목을 그에게 이전시키게 만든다. 저축 행위가 있으면 언제나 저축하는 사람에게 불가피하게 어떤 부가 '강제로' 이전된다. 물론 이 저축하는 사람도 다른 사람들의 저축으로 인해 피해를 볼 수 있다. 이런 부의 이전은 새로운 부의 창출을 필요로 하지 않는다. 오히려 그것은 부의 창출에 적극적으로 해를 끼칠 수 있다. 새로운 부의 창출은 현행 이자율이 확립하는 표준에 다다르는 새로운 부의 예상 수익에 전적으로 의존한다. 한계적인 신투자의 예상 수익은 어떤 사람이 자신의 부를 증식하려 한다는 사실에 의해 증가하지 않는다. 왜냐하면 한계적인 신투자의 예상 수익은 특정 시점에 특정 상품에 대한 수요에 대한 기대에 좌우되기 때문이다.

자본이 **생산적**이라고 말하기보다는 자본이 그 수명 기간 동안 원래의 비용을 초과하는 수익을 창출한다고 말하는 편이 훨씬 더 나은 표현이다. 한 자산이 수명 기간 동안 원래의 공급가격보다 큰 총가치를 지니는 서비스를 제공할 전망을 갖는 유일한 이유는 그 자산이 **희소**하다는 것이다. 그리고 자산이 희소하게 유지되는 것은 화폐에 대한 이자율의 경쟁 때문이다. 만일 자본이 덜 희소하게 되면 초과 수익은 감소할 것이다. 그렇다고 자본이 적어도 물리적인 의미에서 덜 생산적이 되는 것은 아니다.

자본은 장기간에 걸쳐 충분히 희소하게 유지되어 그 자본의 수명 기간과 동일한 기간 동안 심리적 조건과 제도적 조건에 의해 결정되는 이자율과 적어도 동일한 한계효율을 가져야 한다. 이 말은 다음과 같은 사회에 어떤 의미를 가질 것인가? 이 사회에서는 자본이 매우 잘 구비되어 있어서 현재 자본의 한계효율이 0이고 만일 추가적인 투자가 있다면 한계효율이 음이 된다. 그러나 화폐가 거의 무시될 만한 보관 및 안전 관리 비용으로 계속 '유지'되는 금융 체계가 있어 현실적으로 이자율은 음이 될 수 없다. 이때 완전고용이 이루어져 있는 상태에서 저축을 하려는 성향이 발생한다면 어떻게 될 것인가?

그런 상황에서 출발점이 완전고용 위치라고 하자. 이때 만일 기업가가 현존하는 자본 스톡을 모두 사용하는 규모로 계속 노동을 고용한다면 기업가는 반드시 손실을 볼 것이다. 따라서 어떤 개인이나 집단들이 이룬 양의 저축이 다른 개인이나 집단들이 이룬 음의 저축에 의해 상쇄되어 총저축이 0이 될 정도로 경제가 빈곤해질 때까지 자본 스톡과 고용수준은 감소해야 할 것이다. 그렇다면 우리가 상정하는 사회에서 자유방임의 조건 아래 결과할 균형 위치는 고용수준이 충분히 낮고 생활수준이 충분히 비참해서 저축이 0이 되는 상태일 것이다. 좀 더 가능성이 높은 경우는 경제가 이 균형 위치를 중심으로 경기순환적으로 움직이는 경우다. 미래에 대한 불확실성의 여지가 아직도 남아 있다면 자본의 한계효율은 장기에 0의 한계효율을 가져올 수준 아래로 잠시 동안 하락할 수 있기 때문이다. 완전 예측을 가정하면, 한계효율이 정확히 0인 균형 자본스톡은 물론 현재 사용 가능한 노동을 완전고용을 하는 수준에 상응하는 자본보다 규모가 더 작을 것이다. 왜냐하면 바로 그 실업 부분에 상응하는 자본 설비 때문에 저축이 0이 되기 때문이다.

따라서 **화폐에 대한 이자율**은 고용수준에 한계를 설정하는 데에서 특별한 역할을 하는 듯하다. 왜냐하면 그 이자율은 자본 자산이 새로이 생산되기 위해서 그 자본 자산의 한계효율이 달성해야 할 기준을 설정하기 때문이다.

화폐이자율은 예를 들어 지금부터 1년 후에 인도하기로 선도 계약된 화폐량이 그렇게 선도 계약된 화폐량의 '현물'가격 혹은 현금가격이라 부를 수 있는 것을 초과하는 액수를 백분율로 표시한 것에 불과하다. 따라서 모든 종류의 자본 자산에 대해서 화폐에 대한 이자율과 유사한 개념이 반드시 존재하는 듯이 보인다. 오늘 현물 인도되는 (예를 들어) 100쿼터 밀과 동일한 교환가치를 가지면서 지금부터 1년 후에 인도되는 명확히 정의되는 양의 밀이 존재한다. 만일 이 양이 105쿼터라면 우리는 밀 이자율이 연 5%라고 말할 수 있을 것이다. 또 만일 이 양이 95쿼터라면 밀 이자율이 연 -5%라고 말할 수 있을 것이다. 따라서 모든 내구재에 대해서 그 상품 자체로 표시되는 이자율, 즉 밀 이자율, 구리 이자율, 주택 이자율, 심지어는 제철 공장 이자율이 존재한다.

밀과 같은 상품의 '선물' 계약과 '현물' 계약 사이의 차는 밀 이자율에 대해 명확히 정의되는 관계를 갖는다. 그러나 선물 계약은 현물 인도되는 밀의 양이 아니라 선도되는 화폐액으로 고시되기 때문에, 선물 계약은 화폐이자율도 관계 속에 끌어들인다. 정확한 관계는 다음과 같다.

밀의 현물가격이 100쿼터당 100파운드이고, 1년 후에 인도하기로 한 밀의 '선물' 계약 가격이 100쿼터당 107파운드이며, 화폐이자율이 5%라고 가정해 보자. 밀 이자율은 얼마일 것인가? 현물 화폐 100파운드는 선도 화폐 105파운드를 구매할 것이고, 선도 화폐 105파운드는 선도되는 밀 $\frac{105}{107} \times 100\ (=98)$쿼터를 구매할 것이다.

혹은 이에 대안적으로, 현물 화폐 100파운드는 현물 인도되는 밀 100쿼터를 구매할 것이다. 그렇다면 현물 100쿼터의 밀은 선물 98쿼터의 밀을 구매할 것이다. 따라서 밀 이자율은 연 -2%가 된다.

여기로부터 서로 다른 상품의 이자율이 동일할, 즉 밀 이자율이 구리 이자율과 동일할 이유가 전혀 없다는 명제가 도출된다. 시장에 고시되는 바대로의 '현물' 계약과 '선물' 계약 사이의 관계는 서로 다른 상품 간에 차이가 많기로 악명이 높다. 이 명제가 바로 우리가 찾고 있는 실마리로 우리를 인도해 줄 것이다. 왜냐하면 집안을 지배하는 것은 자기이자율(이런 명칭으로 부를 수 있을 것이다) 중 가장 큰 값의 자기이자율일 것이기 때문이다(그 이유는 자본 자산이 새로이 생산되기 위해서는 그 자본 자산의 한계효율이 자기이자율 중 가장 큰 값을 달성해야만 하기 때문이다). 그리고 가장 큰 값을 갖는 자기이자율은 많은 경우 화폐이자율일 것이라 믿을 만한 근거들이 존재하기 때문이다(그 이유는 다른 자산의 자기이자율을 감소시키도록 작동하는 힘들이 화폐에는 작동하지 않기 때문이다).

이제 이들 상품 기준들 각각은 자본의 한계효율을 측정하는 데 화폐와 동일한 기능을 제공한다. 아무런 상품이나, 예를 들어 밀을 선택하라. 다음, 임의의 자본 자산에 대해서 그 예상 수익의 밀 가치를 계산하라. 그렇다면 밀로 표현된 이런 일련의 연차 수입금의 현재 가치를 밀로 표현된 자산의 현재 공급가격과 일치시키는 할인율이 바로 밀로 표현된 자산의 한계효율이다. 만일 서로 대안적인 기준 중 하나의 가치가 다른 것을 기준으로 했을 때 변화할 것으로 기대된다면, 자본 자산의 한계효율도 어떤 기준으로 측정되느냐에 따라 동일한 비율로 변화할 것이다. 이 경우를 예시하기 위해 가장 간단한 예를 들어 보기로 한다. 서로 대안적인 기준 중의 하나인 밀의 가치가 화폐를 기준으로 했을 때 연간 a%로 꾸준하게 상승할 것으로 기대된다고 하자. 화폐를 기준으로 했을 때 한계효율이 x%인 자산의 한계효율은 밀을 기준으로 했을 때 $(x-a)$%가 될 것이다. 모든 자본 자산의 한계효율이 동일한 크기로 변화할 것이므로 한계효율의 순서는 어떤 기준이 선택되느냐에 관계없이 동일할 것이다.

여러 유형의 자산들은 서로 다른 정도로 다음의 세 가지 성질을 지닌다.

(1) 어떤 자산은 어떤 생산과정을 보조하거나 소비자에게 서비스를 제공함으로써, 자기 자신을 기준으로 측정했을 때 q만큼의 수익 혹은 산출을 생산해 낸다.

(2) 화폐를 제외한 대부분의 자산은 수익을 생산하는데 사용되는 것과는 관계없이 단순히 시간이 흐름에 따라 어떤 소모를 겪거나 비용을 유발한다(여기서 자산 간의 상대 가치의 변화는 별도로 한다). 즉, 대부분의 자산은 자기 자신을 기준으로 측정했을 때 c만큼의 운반비용을 유발한다.

(3) 마지막으로, 일정 기간 동안 자산을 처분할 수 있는 힘은 잠재적인 편리성 혹은 안전성을 제공할 수 있다. 서로 다른 자산이 초기에는 동일한 가치를 갖고 있더라도 잠

재적인 편의성은 동일하지 않다. 기간의 말미에, 말하자면 산출물의 형태로 이 편의성을 보여 줄 방도는 전혀 없다. 그러나 이것은 사람들이 무엇인가를 지불할 용의가 있는 그 무엇이다. 사람들이 (자산과 관련해서 발생하는 수익이나 운반비용을 제외하고) 이 처분의 힘이 제공하는 잠재적 편의성 혹은 안전성에 지불할 용의가 있는 양(자산 자체를 기준으로 측정한 양)을 우리는 유동성 프리미엄 l이라 부를 것이다.

따라서 어떤 자산을 일정 기간 동안 소유함으로써 기대되는 총수익은 그 자산의 수익 빼기 운반비용 더하기 유동성 프리미엄, 즉 $q-c+l$이다. 즉 $q-c+l$은 임의 상품의 자기이자율이다(여기서 q, c, l은 자산 자신을 기준으로 해서 측정된다).

현재 사용되는 도구자본(예를 들어, 기계)이나 소비자본(이를테면, 주택)의 특징은 보통 그 수익이 운반비용을 초과하고 유동성 프리미엄이 무시할 정도로 작은 경우가 많다는 것이다. 유동자본 재고나 잉여로 남아 쌓여 있는 도구자본 혹은 소비자본 재고의 특징은 자기 자신을 기준으로 해서 운반비용을 유발하지만 그것을 상쇄할 아무런 수익도 발생시키지 않는다는 것이고, 이 경우 유동성 프리미엄은 특별한 상황 속에서는 매우 클 수 있지만 재고가 어느 정도 수준을 초과하면 그 즉시로 보통 무시할 정도가 된다. 그런데 수익은 **전무**하고 운반비용은 무시할 정도지만 유동성 프리미엄은 상당히 크다는 것이 화폐의 특징이다. 화폐의 경우 유동성 프리미엄이 운반비용을 초과하는 반면 다른 자산의 경우 운반비용이 유동성 프리미엄을 훨씬 초과한다는 것이 화폐와 모든(혹은 대부분의) 다른 자산이 서로 다른 점이다.

여러 유형의 자산에 대한 기대 수익 간의 관계가 균형과 일관되도록 그 관계를 결정하려면, 주어진 기간 동안 상대 가치의 변화가 어떠할 것으로 기대되는가도 알아야만 한다. 측정 기준으로 화폐를 택하고(화폐는 현재의 목적을 위해 단지 회계 화폐이기만 하면 되고 밀을 택했어도 무방하다), 주택과 밀의 기대 가치 상승률(혹은 가치 하락률)을 각각 a_1과 a_2라 하자. q_1, $-c_2$, l_3는 각각 주택, 밀, 화폐의 자기이자율을 각각을 가치 기준으로 해서 측정한 것이다. 즉, q_1은 주택 자신을 기준으로 한 주택의 자기이자율이고, $-c_2$는 밀 자신을 기준으로 한 밀의 자기이자율이며, l_3는 화폐 자신을 기준으로 한 화폐의 자기이자율이다. 이 자기이자율들을 화폐를 가치 기준으로 해서 다시 표현하면 각각 a_1+q_1, a_2-c_2, l_3가 되는데, 이들을 각각 주택 화폐이자율, 밀 화폐이자율, 화폐 화폐이자율로 부르는 것도 편리할 것이다. 이 기호들을 사용하면, a_1+q_1, a_2-c_2, l_3가 각각 가장 큰 값을 가짐에 따라 부의 소유자의 수요가 각각 주택, 밀, 화폐로 향할 것임을 쉽게 알 수 있다. 따라서 균형에서 화폐를 기준으로 한 주택과 밀의 수요가격은, 이득의 면에서 보아 서로 대안적인 선택지 중 어느 것을 선택할 수 있는가를 결정할 여지가 없게끔 결정된다. 다시 말하면 a_1+q_1, a_2-c_2, l_3는 서로 동일하다.

정상 공급가격이 수요가격보다 낮은 자산들은 추가적으로 생산된다. 이 자산들은 (정상 공급가격에 기초해서 계산된) 한계효율이 이자율보다 더 높은 자산들이다(이때 한계효율과 이자율은 어떤 기준이건 동일한 기준으로 측정된다). 한계효율이 이자율과 적어도 같은 수준에 있을 때 자산 규모가 증가하기 시작하는데, 자산 규모가 증가함에 따라 자산의 한계효율은 하락하기 시작한다. 따라서 **이자율이** 한계효율과 같이 **하락하지 않는 한** 더 이상 그 자산을 생산하는 것이 이득이 되지 않는 점에 도달할 것이다. 한계효율이 이자율과 같아지는 자산이 **없어질** 때, 자본 자산의 추가적 생산은 정체 상태에 이를 것이다.

생산율에 한계를 설정하는 것이 화폐이자율이라는 우리의 이전 진술은 엄격하게 말하면 정확한 표현이 아니었음이 이제 분명해진다. 우리는 그것이 전체 자산의 규모가 증가함에 따라 가장 낮은 속도로 하락하는 특정 자산의 이자율이라고 말했어야만 했다. 이 특정 자산의 이자율은 다른 자산들 각각의 생산을 궁극적으로 이윤을 가져오지 않는 활동으로 만들어 버린다.

우리가 친숙해져 있는 종류의 화폐는 전체 자산의 규모가 증가함에 따라 자신을 기준으로 한 자기이자율이 각자 자기 자신을 기준으로 한 다른 자산의 자기이자율보다 더 천천히 하락하게 하는 어떤 특별한 특성들을 갖고 있다.

(1) 첫 번째 특성은, 화폐는 통화 당국이 아닌 민간 기업의 능력과 관련되는 한, 장기와 단기 모두에 있어 0의 생산 탄력성 혹은 어쨌거나 매우 작은 생산 탄력성을 지닌다는 사실이다. 현재의 맥락에서 생산 탄력성은 화폐 한 단위가 지배할 노동량의 증가에 대해 화폐를 생산하는 데 고용되는 노동량의 반응의 정도를 뜻한다. 다시 말하면, 화폐는 쉽게 생산될 수 없다. 임금 단위로 측정된 화폐가격이 상승할 때 기업가들은 자신의 뜻대로 노동에 의존해 화폐를 증가된 양으로 생산할 수 없다.

(2) 화폐의 두 번째 특성은 대체 탄력성이 0과 같거나 거의 0에 가깝다는 것이다. 이것이 뜻하는 바는 화폐의 교

환가치가 증가한다 하더라도 어떤 다른 요소가 화폐를 대체하는 경향이 존재하지 않는다는 것이다. 이 특징은 화폐의 효용이 순전히 교환가치에서만 도출되므로 화폐의 효용과 교환가치가 같이 상승하고 같이 하락한다는 화폐의 특수성에 기인한다. 따라서 화폐의 교환가치가 상승하더라도 지대 요소의 경우처럼 그것을 어떤 다른 요소로 대체할 동기나 경향이 존재하지 않는다.

(3) 셋째로, 종종 발생하는 경우 같은 어떤 상황에서는 유동성선호를 충족하는 화폐의 특성들로 인해 이자율은 화폐량이 다른 형태의 부에 비해 더 큰 비율로 상당히 증가하더라도 그에 크게 반응하지 않는다. 특히 어떤 점 이하에서는 더욱 그렇다. 다시 말하면, 어떤 점을 지나서는 유동성으로부터 도출되는 화폐의 수익은 그 양이 증가함에 따라 하락하지 않는다. 하락하더라도 그 정도는 다른 유형의 자산의 양이 화폐의 증가분만큼 증가할 때 그 자산의 수익이 하락하는 정도에 미치지 못한다.

[세 번째 특징이 뜻하는 바는] 수요가 압도적으로 화폐로 향할 수 있다는 것이다. [첫 번째 특징이 뜻하는 바는] 그런 일이 일어날 때 더 많은 화폐를 생산하기 위해 노동이 고용될 수 없다는 것이다. [두 번째 특징이 뜻하는 바

는] 충분히 저렴한 어떤 다른 요소가 화폐의 책무를 동일한 정도로 훌륭하게 수행할 수 있기 때문에 상황이 완화될 여지가 없다는 것이다. 자본의 한계효율이 변화하는 것을 제외한 유일한 구제책은 (유동성을 향한 성향이 불변인 한에서) 화폐량의 증가에서 찾을 수 있다. 혹은 형식상 동일한 것이지만, 화폐가치가 상승해 일정량의 화폐가 화폐 서비스의 양을 증가시킬 수 있는 경우에서 찾을 수 있다.

따라서 화폐이자율이 상승하면 화폐의 생산은 촉진되지 않은 채(화폐의 생산은 가정상 완전히 비탄력적이다) 생산이 탄력적인 모든 대상들의 생산이 지체된다. 화폐이자율은 다른 모든 상품 이자율의 변화 속도에 기준을 설정함으로써 이 다른 상품들의 생산에 대한 투자를 억제하지만 화폐의 생산을 위한 투자는 촉진시킬 수 없다. 화폐는 가정상 생산될 수 없기 때문이다.

말하자면, 실업은 사람들이 달을 원하기 때문에 발생한다. 욕구의 대상(즉, 화폐)이 생산될 수 없는 그 어떤 것, 그리고 그에 대한 수요가 쉽사리 제거될 수 없는 그 어떤 것이라면 사람들은 고용될 수 없다. 실용적으로 볼 때 녹색 치즈가 달과 동일한 것이라고 공공을 설득하고 녹색 치즈 공장(즉, 중앙은행)을 공공의 통제 아래 두도록 하는 것 외에는 치유책이 없다.

사용 가능한 모든 자산의 자기 자기이자율 중에서 값이 가장 큰 것이 모든 자산의 한계효율 중 가장 큰 것과 일치하면 투자율은 더 이상 증가할 수 없다(자산의 한계효율은 자기 자기이자율이 가장 큰 자산을 기준으로 해서 측정된다).

완전고용 위치에서 이 조건은 필연적으로 충족된다. 그러나 이 조건은 0(혹은 상대적으로 작은) 생산 탄력성과 대체 탄력성을 가진 어떤 자산이 있는 경우 완전고용에 이르기 전에도 충족될 수 있다. 생산량이 증가함에 따라 이 자산의 이자율은 그 자산을 기준으로 측정된 다른 자본 자산들의 한계효율보다 더 빨리 하락한다.

채무와 임금은 통상적으로 화폐를 기준으로 결정된다. 화폐이자율을 중요한 이자율로 만드는 화폐의 특성들이 이 사실과 얼마나 밀접하게 연결되어 있는가를 살펴보는 것도 흥미로운 일이다.

첫째, 계약이 화폐로 체결되고 화폐로 측정되는 임금이 보통 상당히 안정적이라는 사실은 화폐가 그토록 높은 유동성 프리미엄을 보유하는 데 의심의 여지 없이 커다란 역할을 한다. 미래의 채무를 변제할 때 기준이 될지도 모를 것과 동일한 기준으로, 그리고 그 기준으로 측정할 때 미래의 생활비용이 상대적으로 안정적이라고 기대되는 기준으로 자산을 보유할 때 그 편의성은 명백하다. 동시에 만일 가치 기준이 매우 높은 생산 탄력성을 지닌 상품이라면 산출물의 미래 화폐비용이 상대적으로 안정적이리라는 기대는 그리 큰 설득력을 갖지 못할 것이다. 더 나아가 우리가 아는 바대로 화폐의 낮은 운반비용은 화폐이자율을 중요한 이자율로 만드는 데 높은 유동성 프리미엄만큼 큰 역할을 한다. 왜냐하면 중요한 것은 유동성 프리미엄과 운반비용 사이의 차이이기 때문이다.

두 번째로 고려할 점은 좀 더 세밀하다. 산출물의 가치가 다른 어떤 상품을 기준으로 측정될 때보다 화폐를 기준으로 측정될 때 더 안정적일 것이라는 정상적인 기대는 물론 임금이 화폐를 기준으로 결정된다는 사실에 의존하는 것이 아니라 임금이 화폐를 기준으로 측정될 때 상대적으로 더 경직적(viscous)이라는 사실에 의존한다. 만일 임금이 화폐로 측정되지 않고 화폐가 아닌 다른 한 상품 혹은 여러 상품을 기준으로 측정될 때 더 경직적이라고(즉, 더 안정적이라고) 기대된다면 상황은 어떨 것인가? 그런 기대가 가능하기 위해서는 문제 상품의 비용이 화폐단위를 기준으로 측정될 때 장기와 단기 모두에 걸쳐, 그리고 작건 크건 여러 생산 규모에 대해 상대적으로 일정해야 한다. 그뿐만 아니라 비용가격으로 측정했을 때 현행 수요를 초과하는 잉여분은 모두 비용을 들이지 않고 재고로 쌓일 수 있어야 한다. 즉, 그 유동성 프리미엄이 운반비용을 초과해야 한다(그렇지 않다면 재고 보관은 필연적으로 손실을 가져오기 때문이다). 이 조건들을 충족하는 상품이 발견될 수 있다면 분명 그 상품은 화폐의 적수가 될 것이다. 그러나 그런 상품이 존재할 가능성은 그리 높지 않아 보인다.

화폐이자율을 중요한 것으로 만드는 여러 특징은 누적적인 방식으로 서로 반응한다. 화폐가 낮은 생산 탄력성과 대체 탄력성을 지니고 낮은 운반비용을 유발한다는 사실은 화폐임금이 상대적으로 안정적일 것이라는 기대를 불러일으킨다. 그리고 이 기대는 화폐의 유동성 프리미엄을 상승시키고, 화폐이자율과 다른 자산의 한계효율 사이에 화폐이자율의 효과가 사라질 정도로 예외적인 상관관계가 성립하지 않도록 만든다.

《화폐론》에서 나는 유일한 수준으로 의도된 이자율, 즉 내가 **자연이자율**이라 부른 것을 정의했다. 이 이자율은

(그곳에서 정의된 바대로의) 저축률과 투자율의 일치를 유지하는 이자율이다.

그러나 나는 어떤 사회에서나 각각의 가설적인 고용수준에 대해 (위의 정의에 따른) 서로 **다른** 자연이자율이 존재한다는 사실을 간과했다. 또 이와 비슷하게 각 이자율에 대해서 그 이자율이 '자연'이자율인 고용수준이 존재하며, 이때 경제 체계는 그 이자율과 그 고용수준에서 균형 상태에 있게 된다. 따라서 **유일한** 자연이자율을 이야기한 것, 즉 위의 정의가 고용수준과는 관계없이 유일한 값의 이자율을 발생시킬 것이라고 제시한 것은 나의 실수였다. 당시 나는 어떤 상황에서는 경제 체계가 완전고용 이하의 수준에서도 균형 상태에 있을 수 있다는 점을 이해하지 못했다.

만일 유일하고 주요한 그런 이자율이 있다면 그것은 **중립**이자율이라 불릴 수 있을 것이다. 중립이자율은 위의 의미에서 자연이자율이지만, 경제 체계의 다른 파라미터들이 주어져 있을 때 **완전**고용과 일치하는 자연이자율이다. 어쩌면 이 이자율을 최적 이자율이라 부르는 것이 더 나을지도 모르겠다.

위의 논의를 통해 고전학파의 이자율 이론이 사리에 맞는 것이 되기 위해 필요로 하는 암묵적인 가정이 무엇인가라는 질문에 답할 수 있다. 이 이론은 실제 이자율이 방금 우리가 위에서 정의한 의미의 중립이자율과 항상 일치한다고 가정하고 있거나, 아니면 실제 이자율이 고용을 어떤 특정한 불변의 수준으로 유지하는 이자율과 항상 일치한다고 가정하고 있다.

제18장 고용 일반이론 재론

이제 이전 장들에서의 논의를 요약하도록 하겠다.

각종 자본 자산의 예상 수익을 고려한 자본 일반의 한계효율을 이자율과 거의 일치시키는 수준에 각 자산의 공급가격이 도달할 때까지 신투자율을 추진하는 유인이 있다. 다시 말하면, 자본재 산업의 물리적 공급 조건, 예상 수익에 관한 확신 상태, 유동성에 대한 심리적 태도, 그리고 화폐량(임금 단위로 측정되는 것이 더 바람직하다)이 서로 작용해서 투자율을 결정한다.

그러나 투자율의 증가(혹은 감소)에는 소비율의 증가(혹은 감소)가 동반한다. 왜냐하면 사람들의 행동이 일반적으로 갖는 특징에 따르면, 사람들은 소득이 증가(혹은 감소)할 때 언제나 소득과 소비의 격차를 더 넓히기를(혹은 좁히기를) 원한다. 다시 말하면 소비율의 변화는 일반적으로 소득률의 변화와 **동일한 방향으로**(비록 더 작은 크기이기는 하지만) 이루어진다. 주어진 양의 저축 증가에 따라 발생해야 하는 소비의 증가분과 소득의 증가분 사이의 관계는 한계소비성향에 의해 주어진다. 그렇게 해서 투자의 증가분과 그에 상응하는 총소득의 증가분(이 두 양은 모두 임금 단위로 측정된다) 사이에 이루어지는 비율은 투자승수로 주어진다.

마지막으로, (제1근사치로) 고용승수가 투자승수와 같다고 가정하면 이 승수를 앞에서 기술한 요소들에 의해 결정되는 투자율의 증가분(혹은 감소분)에 곱해 고용의 증가량을 추론해 낼 수 있다.

그러나 고용의 증가(혹은 감소)는 유동성선호표를 상승(혹은 하락)시킬 수 있다. 이로 인해 화폐 수요가 증가하는 방식에는 세 가지가 있다. 임금 단위(그리고 임금 단위로 측정된) 가격이 불변이라 하더라도 고용이 증가할 때 산출물 가치가 증가할 것이기 때문이고, 추가적으로 임금 단위 자체는 고용이 증가함에 따라 같이 증가하는 경향이 있고, 또 산출물이 증가하면 단기적으로는 비용이 증가함에 따라 (임금 단위로 측정된) 가격이 상승할 것이기 때문이다.

위 내용이 일반이론의 요약이다. 그러나 현실에서 경제 체계의 현상은 소비성향, 자본의 한계효율표, 그리고 이자율이 지니는 어떤 특별한 성질들에 의해서도 영향을 받는다. 이런 성질들은 우리가 경험을 통해 안전하게 일반화할 수 있기는 하지만 논리적으로 필연적인 것들은 아니다.

특히 우리가 살고 있는 경제 체계의 눈에 띄는 특징은 산출과 고용이 커다란 변동을 일으키기는 하지만 과격할 정도로 불안정하지 않다는 것이다. 실제로 우리의 경제 체계는 경기 회복의 방향으로나 완전한 붕괴의 방향으로 움직여 가는 눈에 띄는 경향을 보이지 않으면서, 상당한 기간 동안 최적 이하의 경제활동을 영위하는 만성적인 상태 속에 있을 수 있는 듯이 보인다. 더 나아가 경험에 따르면 완전고용, 심지어는 근사적이나마 완전한 고용은 매우 희귀한 현상이면서 매우 짧은 기간 동안 발생하는 현상이다.

이런 경험적 사실들은 논리적 필연에 의한 것이 아니다. 따라서 우리는 현대 세계의 환경과 심리적 성향들이 이런 결과를 만들어 내는 성질을 지니고 있다고 생각할 수밖에 없다.

앞의 분석에 따라 현실에서 관찰되는 결과들을 설명할 수 있다고 생각되는 안정성의 조건들은 다음과 같다.

(1) 한계소비성향의 성질 : 한 주어진 사회에서 더 많은 (혹은 적은) 노동이 자본 설비에 적용되기 때문에 산출량이 증가(혹은 감소)할 때, 이 두 양의 관계를 표현하는 승수가 1보다 크지만 그렇게 크지는 않도록 한다.

(2) 자본의 한계효율표의 성질 : 자본의 예상 수익이나 이자율에 변화가 있을 때 신투자의 변화가 앞의 양들의 변화에 비해 크지 않도록 한다. 즉, 자본의 예상 수익이나 이자율이 완만히 변화할 때 투자율이 매우 크게 변화하지는 않는다.

(3) 고용이 변화할 때 화폐임금은 고용과 동일한 방향으로 변화하지만 고용의 변화보다 훨씬 더 크게 변화하지 않는 경향이 있다.

(4) 투자율이 이전에 실행되었던 것보다 더 높은(혹은 낮은) 경우, 이 투자가 그리 길지 않은 햇수 동안 지속된다면 이 투자는 자본의 한계효율이 이득이 되는(혹은 해가 되는) 방향으로 작용하기 시작한다.

이 네 가지 조건들은 우리가 실제로 경험하는 경제의 눈에 띄는 모습들, 즉 우리의 경제에서 고용과 물가가 양 방향의 매우 심한 극단 쪽으로 변동하지 않고, 완전고용보다는 상당히 아래쪽에 있으면서, 그 아래로 떨어지면 삶을 위태롭게 할 수 있는 최소한의 고용보다는 상당히 위쪽에 있는 중간 위치를 중심으로 오르내리는 현상을 설명하는 데 적합하다.

이렇게 해서 결정되는 평균 위치는 '자연적'인 경향들, 즉 오랫동안 지속될 가능성이 높으면서 그것을 교정하기 위해 명시적으로 도안된 방법들을 쓸모없게 만드는 경향들에 의해 결정된다. 그러나 우리는 그렇다고 이런 평균 위치가 필연적인 법칙에 의해 확립된다는 결론을 내려서는 안 된다. 위의 조건들의 막힘없는 지배는 현재 그대로의 혹은 지금까지 그래 왔던 모습의 세계에 대한 관찰된 사실이며, 변화될 수 없는 필연적 원칙이 아니다.

제5책
화폐임금과 물가

제19장 화폐임금의 변화

고전학파 이론은 경제 체계가 자기 조정적인 성격을 지닌다고 상정하면서 그런 성격이 화폐임금의 유연성에 근거한다고 가정하는 데 익숙해져 있다.

일반적으로 인정되고 있는 설명은 내가 이해하는 한 매우 단순한 것이다. 즉, 화폐임금이 감소하면 다른 모든 것이 일정할 때 최종재의 가격이 감소함으로써 수요가 촉진되고, 그에 따라 산출과 고용이 증가하며, 이 증가는 노동자들이 받아들이기로 합의한 화폐임금의 감소가 산출이 증가함에 따라 감소하는 노동의 한계효율에 의해 정확히 상쇄되는 점까지 계속된다.

가장 조야한 형태로 볼 때 이런 주장은 화폐임금이 감소하더라도 수요가 변화하지 않는다고 가정하는 것과 동일하다. 혹은, 사람들은 다음과 같은 사항에 더 통상적으로 동의하는 듯이 보인다. 즉, 화폐임금이 감소하면 노동자들 일부의 구매력이 감소하기 때문에 총수요에 **약간의** 영향이 미칠 것이지만, 화폐소득이 감소하지 않은 다른 생산요소들의 실질 수요는 물가의 하락으로 더 촉진될 것이고, 화폐임금 변화에 대한 노동 수요 탄력성이 1보다 작지 않은 한 고용량이 증가함에 따라 노동자들 자신의 총수요도 증가할 가능성이 매우 높다. 따라서 새로운 균형점에서는 그렇지 않은 경우보다 더 많은 노동이 고용될 것이라는 것이다.

나는 이런 형태의 분석과 근본적으로 다른 입장을 취한다.

문제에 답하기 위해 우리 자신의 분석 방법을 적용하기로 하자. 문제는 두 가지로 나뉜다. (1) 화폐임금의 감소는 다른 모든 것이 일정할 때 고용을 증가시키는 직접적인 경향이 있는가? 여기서 '다른 모든 것이 일정할 때'라는 조건은 소비성향, 자본의 한계효율표, 이자율이 경제 전체에서 이전과 동일하다는 것을 뜻한다. (2) 화폐임금의 감소는 이 세 가지 요소에 대한 확실하거나 확률적인 반향을 통해 어떤 특정 방향으로 고용에 영향을 끼치는 확실하거나 확률적인 경향이 존재하는가?

첫 번째 문제에 대해 우리는 이미 앞의 장들에서 부정적인 답을 제시했다. 고용량은 임금 단위로 측정된 유효수요의 크기와 유일하게 연관되며, 만일 소비성향과 자본의 한계효율표 및 이자율이 모두 불변이라면, 기대된 수요와 기대된 투자의 합인 유효수요는 변화할 수 없기 때문이다. 만일 이 요소들이 변화하지 않는 상태에서 기업가들이 경제 전체의 고용을 증가시키려 한다면 그들의 수익은 필연적으로 공급가격에 미치지 못할 것이다.

화폐임금이 감소하더라도 사회 전체의 소비성향, 자본의 한계효율표, 혹은 이자율에 반향을 끼치지 않는 한 고용을 증가시키는 항구적인 경향은 존재하지 않는다. 이 요소들에 대한 가장 중요한 영향들은 현실에서 다음과 같은 것들일 가능성이 높다.

(1) 화폐임금의 감소는 가격을 어느 정도 감소시킬 것이다. 이에 따라 어느 정도의 실질소득 재분배가 일어날 것인데, 이 재분배는 (a) 임금 소득자로부터 한계 주비용에 포함되면서 보수가 감소되지 않은 다른 요소들 쪽으로, 그리고 (b) 기업가로부터 고정된 화폐액의 소득이 보장되어 있는 금리생활자 쪽으로 이루어진다. 임금 소득자로부터 다른 요소로 향하는 소득 이전은 소비성향을 감소시킬 가능성이 높다. 기업가로부터 금리생활자로 향하는 소득 이전이 끼치는 영향은 좀 더 모호하다. 그러나 금리생활자들이 전반적으로 사회의 부유층을 형성하고 생활수준이 가장 유연하지 못한 사람들이라면, 소득 이전의 효과는 소비성향에 우호적이지 않다.

(2) 우리가 다루는 경제가 개방경제이고 화폐임금의 감소가 **외국의 화폐임금에 대한** (두 화폐임금이 모두 공통의 척도로 측정될 때) **상대적 감소**면, 이 변화가 투자에 우호적인 영향을 끼치리라는 것은 명백하다. 무역수지가 증가하는 경향이 있기 때문이다.

(3) 개방경제의 경우 화폐임금의 감소는 무역수지를 개선하지만 교역조건을 악화시킬 가능성이 있다. 따라서 새로이 고용되는 노동자들을 제외하고는 실질소득이 감소할 것이고 이에 따라 소비성향이 증가할 것이다.

(4) 화폐임금의 감소가 **미래의 화폐임금에 상대적인 감소**라고 기대된다면, 이 변화는 자본의 한계효율을 증가시킬 것이므로 투자에 우호적일 것이다. 또 동일한 이유로 소비에도 우호적일 수 있다. 반면 화폐임금 감소가 앞으로 임금이 더욱 감소할 것이라는 기대를 불러일으키거나 심지어는 그럴 심각한 가능성만이라도 제시한다면, 정확히 반대의 효과가 나타날 것이다. 왜냐하면 이로 인해 자본의 한계효율이 감소하고 자본과 소비가 모두 연기될 것이기 때문이다.

(5) 물가와 화폐소득 일반이 어느 정도 감소하면서 동시에 임금 총액이 감소한다면, 소득과 사업상의 목적을 위해 필요한 현금의 양이 감소할 것이다. 따라서 사회 전체

의 유동성선호표도 이와 비례해 감소할 것이다. 다른 모든 것이 일정할 때, 이에 따라 이자율이 감소할 것이고 따라서 투자에 우호적인 상황이 된다. 그러나 이 경우 미래에 관한 기대의 효과는 (4)항에서 고려한 것과 반대의 경향을 보일 것이다. 왜냐하면 임금과 물가가 나중에 다시 상승할 것이라 기대되면 우호적인 영향은 단기 채무보다 장기 채무에서 훨씬 작게 나타날 것이기 때문이다. 더 나아가, 임금 감소가 일반 사람들의 불만을 초래해 정치적인 신뢰를 교란시키는 경우, 이 원인에 따른 유동성선호의 증가는 적극적 거래를 위한 순환에서 빠져나오는 현금의 양을 상쇄하고도 남을 수 있다.

(6) 한 특정 기업에서 화폐임금이 감소하면 이것은 해당 개별 기업가나 산업에 언제나 유리하다. 따라서 화폐임금이 경제 전체적으로 감소하는 경우 (그 실제 효과는 다르겠지만) 기업가들은 낙관적인 마음을 가질 수 있고, 이 덕분에 자본의 한계효율에 대해 지나치게 비관적인 추정의 악순환을 끊고 좀 더 정상적인 기대의 기초 위에서 경제활동을 영위할 수 있다. 반면 경제 전체에서의 화폐임금 감소가 가져올 효과에 대해 노동자들이 고용주들과 마찬가지의 실수를 범한다면, 노동자들의 동요가 이 우호적인 요소를 상쇄할 수 있다.

(7) 임금과 물가의 하락이 많이 진행되면, 채무 비중이 큰 기업가들은 당황하게 되고 결국 파산하는 지점에까지 이를 수 있다. 그 결과 투자는 심각한 악영향을 받는다. 더구나 물가가 하락하면 이것이 국가 채무의 실질 부담과 그에 따라 조세에 미치는 영향은 사업상의 자신감에 매우 악영향을 끼칠 가능성이 높다.

따라서 신축 임금 정책이 지속적인 완전고용 상태를 유지할 수 있으리라는 믿음에는 근거가 없다. 이것은 공개시장 통화정책이 다른 아무런 도움 없이 그런 결과를 달성할 수 있다는 믿음에 근거가 없는 것과 마찬가지다. 경제 체제는 이런 노선을 따라 자기 조정적으로 될 수 없다.

고용이 점차 감소할 때 만일 노동자들이 화폐임금을 점차 감소시키면서 노동 서비스를 제공하는 식으로 반응한다면, 일반적으로 이것은 실질임금을 감소시키는 효과는 가져오지 않고 오히려 산출량에 악영향을 끼쳐 실질임금을 상승시키는 효과를 불러올 수도 있다. 이런 정책의 주요 결과는 물가를 크게 불안정하게 만드는 것이다. 물가의 변화가 너무 과격해 현재 우리가 살고 있는 경제사회의 방식대로 작동하는 경제사회에서 사업상의 계산을 무용지물로 만들 수 있다.

나의 현재 견해는, 여러 사항들을 균형 있게 고려할 때 화폐임금의 일반적 수준을 안정적으로 유지하는 것이 폐쇄경제에서 가장 추천할 만한 정책이고, 개방경제의 경우 다른 국가들과의 균형이 유동적 환율에 의해 확보될 수 있다면 이와 동일한 결론이 적용된다는 것이다.

경직된 임금정책이 실행되면 단기적으로 고용의 변동은 피하고 물가는 안정될 것이다. 반면 장기적으로는 생산기술과 자본 설비의 진보에 따라 임금은 안정적으로 유지하면서 물가가 서서히 하락하도록 하는 정책과, 물가는 안정적으로 유지하면서 임금을 서서히 상승시키는 정책 중 하나를 선택하는 일이 남는다. 전반적으로 볼 때 나는 후자의 경우를 선호한다. 실제의 고용수준을 주어진 완전고용의 범위 내에 유지하는 일은 미래에 임금이 낮아질 것이라는 기대보다는 미래에 임금이 더 높아질 것이라는 기대가 있으면 더 쉽게 이루어질 수 있기 때문이다. 또 채무 부담을 점진적으로 감소시킴으로써 사회적 이득이 발생하고, 퇴보 산업에서 성장 산업으로 산업을 조정하는 일이 더 용이하게 이루어질 수 있으며, 화폐임금이 증가하는 완만한 경향에서 심리적으로 용기를 얻을 수 있기 때문이다.

제20장 고용함수

고용함수는 실질적으로 총공급함수의 역함수이며 임금 단위를 통해 정의된다는 점에서만 총공급함수와 다르다. 고용함수의 목적은 한 특정 기업, 한 특정 산업, 혹은 경제 전체를 향한 (임금 단위로 측정된) 유효수요의 크기를 고용량과 관련시키는 것이다(그 고용량에서 발생하는 산출의 공급가격이 유효수요의 크기에 상응한다). 따라서 만일 한 기업이나 산업을 향한 (임금 단위로 측정된) 유효수요의 크기 D_{wr}이 해당 기업이나 산업에서 N_r만큼의 고용량을 가져온다면, 고용함수는 $N_r = F_r(D_{wr})$로 주어진다. 좀 더 일반적으로 말해 D_{wr}이 총유효수요 D_w의 유일한 함수라고 가정할 수 있다면, 고용함수는 $N_r = F_r(D_w)$로 주어진다.

고용 탄력성을 정의하기로 하자. 한 특정 산업의 고용 탄력성은 다음과 같다.

$$e_{er} = \frac{dN_r}{dD_{wr}} \frac{D_{wr}}{N_r}$$

경제 전체의 고용 탄력성은 다음과 같이 정의된다.[18)]

$$e_e = \frac{dN}{dD_w}\frac{D_w}{N}.$$

고전학파 이론은 실질임금이 언제나 노동의 한계비효용과 동일하고, 고용이 증가하면 노동의 한계비효용은 증가하므로, 다른 모든 것이 일정할 때 실질임금이 감소하면 노동 공급이 증가한다고 가정한다. 그런 가정을 하는 한 고전학파 이론은 임금 단위로 측정된 지출을 증가시키는 일이 현실적으로 불가능하다고 가정하고 있는 것이다. 이 경우가 참이라면 고용 탄력성 개념은 아무 데에도 적용될 수 없다. 더 나아가 이 경우 화폐로 측정된 지출을 증가시켜 고용을 증가시킬 수 없다. 왜냐하면 화폐로 측정되는 지출이 증가하면 화폐임금도 비례적으로 증가할 것이고, 따라서 임금 단위로 측정되는 지출은 전혀 증가하지 않을 것이며, 그 결과 고용도 전혀 증가하지 않을 것이기 때문이다. 그러나 고전학파 가정이 성립하지 않는다면 화폐로 측정된 지출을 증가시킴으로써 고용을 증가시킬 수 있고, 이런 증가는 실질임금이 노동의 한계비효용과 같아질 때

---

18) 여기서 N은 경제 전체의 고용량으로, 각 산업의 고용량을 합한 양(ΣN_r)이다. 일정한 조건이 충족되면, 경제 전체의 고용함수는 각 산업의 고용함수를 합해서 구해진다. 즉 다음과 같다.

$F(D_w) = N = \Sigma N_r = \Sigma F_r(N_r)$.(옮긴이 주)

까지 하락해 정의상 완전고용이 이루어질 때까지 계속될 것이다.

앞의 논의에서 우리는 총유효수요의 각 수준에 대해 이 유효수요가 개별 산업의 생산물 사이에 유일한 방식으로 분포된다고 가정했다. 그러나 총지출이 변화함에 따라 개별 산업의 생산물에 대한 지출은 일반적으로 동일한 비율로 변화하지 않는다. 총수요의 증가가 여러 종류의 상품 사이에 분배되는 방식은 고용량에 상당한 영향을 끼친다. 예를 들어 증가한 수요가 높은 고용 탄력성을 가진 생산물에 주로 향한다면, 낮은 고용 탄력성을 가진 생산물에 주로 향하는 경우에 비해 총고용의 증가는 더 클 것이다.

마찬가지로 총수요에 아무런 변화가 없더라도 고용이 감소할 수 있다. 그 경우는 수요의 방향이 상대적으로 낮은 고용 탄력성을 가진 생산물에 우호적인 방향으로 변화하는 경우다.

제21장 물가 이론

나는 경제학을 한편으로 가치 및 분배의 이론으로, 다른 한편으로 화폐 이론으로 분류하는 것은 잘못된 구분이라고 생각한다. 내가 제시하는 올바른 이분법은 한편으로는 개별 산업이나 기업의 경우에 **주어진** 양의 자원을 사용하는 여러 용도에 대한 보수와 분배를 다루는 이론, 그리고 다른 한편으로는 **경제 전체의** 산출과 고용을 다루는 이론으로 나누는 것이다. 사용되는 자원의 총량이 일정하다는 가정, 그리고 임시적이기는 하지만 다른 산업이나 기업의 조건이 불변이라는 가정 위에서 개별 산업이나 기업을 연구하는 한, 화폐의 중요한 성질들은 관심거리가 되지 않는다. 그러나 경제 전체의 산출과 고용이 어떻게 결정되는가의 문제로 옮아가는 즉시 화폐경제에 대한 완전한 이론이 필요하게 된다.

또는 어쩌면 정체 균형 이론과 이동 균형 이론으로 구분할 수 있을지도 모르겠다. 후자는 미래에 관한 견해가 변화함에 따라 현재의 상황이 영향을 받을 수 있는 체계의 이론을 뜻한다. **왜냐하면 화폐의 중요성은 본질적으로 화폐가 현재와 미래를 연결하는 고리라는 사실에 기인하기 때**

문이다. 한편으로 우리는 미래에 관한 사람들의 견해가 고정되어 있고 모든 면에서 믿을 만한 그런 세계에서 정상적인 경제적 동기의 영향을 받아 발생하는 균형과 자원을 여러 용도에 어떻게 일관성 있게 배분하는가를 분석할 수 있다. 다른 한편으로 이런 단순화된 예비 과정을 넘어서 실제 세계의 문제들, 즉 사람들의 과거 기대들이 어긋날 수 있고 미래에 관한 기대가 사람들이 현재 행하는 일에 영향을 끼치는 그런 세계의 문제들로 옮아갈 수 있다. 이렇게 옮아간 후에 비로소 현재와 미래의 연결고리로서 화폐가 갖는 특별한 성질들이 우리의 분석 안으로 들어올 것이다. 그러나 이동 균형 이론이 화폐경제의 틀 속에서 반드시 추구되어야 하는 것이지만, 그 이론은 여전히 가치 분배 이론이지 따로 떨어져 있는 '화폐 이론'이 아니다. 중요한 속성들을 지닌 화폐는 무엇보다도 현재와 미래를 연결하는 교묘한 도구이며, 우리는 화폐를 통하지 않고서는 기대의 변화가 현재의 경제활동에 끼치는 영향에 대한 논의를 시작조차 할 수 없다. 금이나 은, 그리고 법정통화를 폐지하더라도 화폐를 제거할 수는 없다. 어떤 것이든 내구적인 자산이 존재하는 한, 그 자산은 화폐적 속성을 지닐 수 있으며, 따라서 화폐경제가 특징적으로 갖는 문제들이 야기될 수 있다.

일반적 가격수준은 일부는 한계비용을 구성하는 생산요소의 수익률에, 일부는 경제 전체의 산출 규모, 즉 (생산시설과 기술이 주어져 있다고 할 때) 고용량에 좌우된다. 경제 전체의 산출 문제로 옮아가면 한 산업의 생산비용이 부분적으로 다른 산업들의 산출량에 영향을 받는다는 것은 사실이다. 그러나 우리가 고려해야 할 좀 더 중요한 변화는 **수요**의 변화가 비용과 수량 모두에 끼치는 영향이다.

실업이 존재하는 한 공급이 완전 탄력적이고 완전고용 상태에 도달하는 즉시 공급이 완전 비탄력적이 된다면, 그리고 유효수요가 화폐량과 동일한 비율로 변화한다면, 화폐수량설은 다음과 같이 선언될 수 있을 것이다. '실업이 존재하는 한 고용이 화폐량과 동일한 비율로 변화할 것이고, 완전고용이 되어 있으면 물가가 화폐량과 동일한 비율로 변화할 것이다.'

그러나 충분한 수의 단순화 가정을 도입해 화폐수량설을 선언할 수 있도록 하는 전통을 충족시킨 후에는, 현실에서 실제로 일어나는 사건들에 영향을 끼치는 여러 가능한 복잡성 원인들을 고려하기로 하자.

(1) 유효수요는 화폐량에 정확히 비례해 변화하지 않

는다.

(2) 자원이 동질적이지 않으므로, 고용이 점차 증가할 때 규모에 대한 수확 불변이 아니라 수확 체감이 일어난다.

(3) 자원들이 상호 대체될 수 없으므로, 어떤 상품의 경우 비탄력적인 공급 상황에 도달하더라도 다른 상품의 생산에 사용할 수 있는 여분의 자원이 아직 존재한다.

(4) 임금 단위는 완전고용에 도달하기 이전에도 상승하는 경향이 있다.

(5) 한계비용을 구성하는 요소들의 수익은 서로 동일한 비율로 변화하지 않는다.

따라서 우선 화폐량의 변화가 유효수요의 크기에 끼치는 영향을 고려해야 한다. 그리고 유효수요의 증가는 일반적으로 일부는 고용량을 증가시키는 데에, 일부는 물가를 상승시키는 데에 소진된다. 따라서 실업의 조건에서 물가가 불변이고 완전고용의 조건에서 화폐량에 비례해 물가가 상승하는 대신, 실제로 발생하는 것은 고용이 증가함에 따라 물가도 점차 상승하는 상황이다. 가격 이론, 즉 화폐량 변화에 대한 물가의 탄력성을 결정할 목적으로 화폐량의 변화와 물가의 변화 사이의 관계를 분석하는 이론은 위에 열거된 다섯 개의 복잡성 원인들에 대한 분석으로 향해야 할 것이다.

유효수요량이 추가적으로 증가할 때 산출이 더 이상 증가하지 않고 유효수요의 증가가 그 증가에 비례하는 양으로 비용 단위를 증가시키는 데 모두 소진될 때, 우리는 진정한 인플레이션 상태라고 부르는 것이 적합할 그런 상태에 도달하는 것이다.[19] 이 점에 도달할 때까지 통화팽창의 효과는 전적으로 정도의 문제다. 이 점 이전에는 이제부터 인플레이션이 시작된다고 선언할 수 있게 할 명확한 선을 그을 수 없다. 이 점에 이르기 이전의 모든 화폐량 증가는 그것이 유효수요에 영향을 끼치는 한, 부분적으로는 비용 단위를 증가시키는 데에, 부분적으로는 산출량을 증가시키는 데에 사용된다.

따라서 진정한 인플레이션이 시작되는 임계 수준은 양측에 일종의 비대칭성이 존재하는 듯이 보인다. 유효수요가 임계 수준보다 낮은 수준으로 축소되면 비용 단위로 측

---

19) 비용 단위는 한계 주비용을 구성하는 요소들의 수익의 가중평균이다. 일차 근사적인 분석에서는 모든 요소들의 수익이 임금 단위와 동일한 비율로 변화한다고 가정되므로, 임금 단위를 가치 단위로 사용했다. 그러나 현실에서는 이 수익들이 서로 다른 비율로 변화하므로 그것들의 가중평균을 사용하는 것이다.(옮긴이 주)

정된 유효수요의 크기가 감소한다. 반면에 임계 수준 이상으로 유효수요가 팽창하면 일반적으로 비용 단위로 측정된 유효수요의 크기는 증가하지 않는다. 이 결과는 생산요소들, 특히 노동자들은 그들의 화폐 보수의 감소에는 저항하는 성질이 있지만 증가에는 저항할 아무런 동기도 없다는 가정에서 도출된다. 그러나 이 가정은 분명히 사실들에 굳건히 기초한 가정이다. 전면적인 변화가 아닌 경우 상승의 방향으로 변화가 있으면 특정 요소들에게 이득이 되는 한편 하락의 방향으로 변화가 있으면 그것들에 해가 되기 때문이다.

그와 반대로 만일 완전고용보다 낮은 수준으로의 경향이 있을 때 화폐임금이 아무런 제한 없이 하락할 수 있다면, 이 비대칭성은 사라진다. 그러나 그 경우 이자율이 더 이상 하락할 수 없거나 임금이 0이 될 때까지는 완전고용 이하에서 정지점이 존재하지 않을 것이다. 실제로 화폐적 경제 체계에서 가치의 안정성이 존재하기 위해서는 화폐로 측정된 가치가 고정되어 있지는 않더라도 적어도 경직적인 **어떤** 요소가 존재해야만 한다.

제6책
일반이론이 제시하는 단편적 사상들

제22장 경기순환에 관한 단상

순환적 운동이 뜻하는 바는, 경제 체계가 예를 들어 상승 방향으로 움직여 갈 때 경제 체계를 하락 방향으로 내모는 힘들이 처음에는 강력하게 작동하면서 서로에게 누적적인 효과를 끼치다가, 점차로 강도를 잃으면서 어느 점에 이르면 그 반대 방향으로 작동하는 힘들에 의해 대체되는 경향이 있다는 것이다. 또한 상승과 하락의 운동이 시간적 사건 전개와 기간에서 어떤 관찰될 만한 정도의 규칙성을 갖는다는 것도 의미한다.

그러나 우리가 경기순환이라 부르는 현상에는 우리의 설명이 적합하기 위해서 반드시 포함되어야 할 또 하나의 특성이 존재한다. 그것은 **위기**의 현상, 즉 상승 경향이 하락 경향으로 대체되는 현상은 많은 경우 급작스럽고 과격하게 발생하는 반면, 하락 경향이 상승 경향으로 대체될 때에는 그런 날카로운 전환점이 없다는 사실이다.

위기에 대한 설명 중 좀 더 전형적이고 많은 경우 지배적인 설명은, 이자율이 상승했다는 것이 아니라 자본의 한계효율이 갑작스럽게 붕괴했다는 것이다.

경기 활황의 후반 단계가 보이는 특징을 보면, 자본재의 양이 풍성하게 증가하면서 그 생산비용이 같이 증가하고 어쩌면 이자율도 상승하지만 그런 변화는 자본재의 미래 수익에 대한 낙관적인 기대에 의해 상쇄된다. 조직화된 투자시장에서 구매자들은 자신이 구매하는 것이 무엇인지 거의 모르고 있고, 투기자들은 자본재의 미래 수익에 대한 무리 없는 추정보다는 시장 분위기가 다음에 어떻게 바뀔 것인가를 예측하는 데 더 관심이 있다. 이런 상황에서의 과대한 낙관과 과대 구매의 시장에서 상황에 대한 환상이 깨지면 그런 깨침이 갑작스럽고 심지어는 파국적인 힘으로 발생한다는 것이 조직화된 투자시장의 본질이다. 더 나아가 자본의 한계효율이 붕괴할 때 이에 따라 발생하는 미래에 대한 낙담과 불확실성은 자연스럽게 유동성선호의 커다란 증가와 그에 따른 이자율 상승을 재촉한다. 따라서 자본의 한계효율의 붕괴가 이자율 상승과 연계된다는 사실 때문에 투자의 하락이 극심해질 수 있다. 그러나 문제의 핵심은 자본의 한계효율이 붕괴했다는 사실, 특히 그런 붕괴가 커다란 규모의 신투자가 이루어지던 이전 단계에 가장 기여를 많이 한 종류의 자본들에 발생했다는 사실이다. 유동성선호는 거래와 투기가 증가하는 형태로 나타나는 경우를 제외하고는 자본의 한계효율이 붕괴한 이후에야 증가한다.

이렇기 때문에 경기 침체가 그토록 치유하기 힘든 것이다. 시간이 지나면 이자율이 하락해 경기 회복에 도움이 될 것이고 그런 이자율 하락은 경기 회복의 필요조건일 가능성이 높다. 그러나 지금 당장 자본의 한계효율의 붕괴는 너무도 완벽해서, 현실에서 가능한 어떠한 이자율 하락도 충분하지 않다. 만일 이자율 하락이 유효한 처방을 단독으로 제공할 수 있다면, 오랜 시간이 흐르지 않고서도, 그리고 정도는 다르지만 통화 당국의 직접적 통제 아래 있는 여러 방법들을 통해 경기가 회복될 수 있을 것이다. 그러나 보통 현실은 그렇지 않다. 통제 불가능하고 명령 불복종의 사업 세계 심리에 의해 결정되는 자본의 한계효율을 복구하는 일은 그리 쉬운 일이 아니다. 일상 언어로 표현하면, 확신을 복귀시키는 일이야말로 개인주의적 자본주의 경제에서 통제하기가 정말 힘든 일이다. 은행가와 사업가들이 경기 침체의 바로 이 측면을 강조해 온 것은 옳은 일이다. 그러나 '순전히 화폐적인' 처방을 신뢰하는 경제학자들은 경기 침체의 이 측면을 과소평가해 왔다.

불행하게도 자본의 한계효율이 심각하게 하락하면 소

비성향에도 악영향을 끼치는 경향이 있다. 왜냐하면 주식의 시장가치가 심각하게 하락하기 때문이다. 주식시장 투자에 적극적인 관심을 갖고 있는 사회 계급에게 이런 가치 하락은 매우 우울한 영향을 행사한다. 이런 부류의 사람들은 지출 의향에서 자신의 소득 상태보다는 어쩌면 투자가치의 등락에 훨씬 더 큰 영향을 받는다. 오늘날의 미국처럼 '주식 지향적'인 사람들에게 주식시장 가치의 상승은 충분한 소비성향을 위한 거의 본질적인 조건일지도 모른다. 이런 상황은 지금까지 일반적으로 간과되어 왔지만, 자본의 한계효율의 하락이 가져오는 경기 침체 효과를 더 강화하는 데 분명히 역할을 하고 있다.

경기 하락의 단계 동안 고정자본과 재료 재고가 당분간은 과잉으로 존재하고 운영자본이 감소하기 때문에 자본의 한계효율표가 매우 낮은 위치까지 떨어질 수 있다. 이때는 충분한 투자율을 확보하기 위해 현실적으로 가능한 크기로 이자율을 하락시켜 상황을 교정하기가 거의 불가능하다. 따라서 현재와 같이 시장이 조직화되고 영향을 받는 경우, 자본의 한계효율에 대한 시장의 추정은 너무도 크게 변동하기 때문에 그에 상응하는 이자율 변동으로 충분히 상쇄되지 못할 수 있다. 더 나아가 위에서 본 것처럼 이에 상응하는 주식시장의 변화는 소비성향의 상승이 가장 필요한 시기에 오히려 그것을 억누른다. 따라서 자유방임의 조건 속에서 고용의 커다란 변동을 피하는 일은 투자시장의 심리를 광범위하게 변화시키지 않고서는 불가능할 수도 있다. 따라서 나의 결론은, 현재 투자량의 질서를 잡는 의무가 민간의 손에 맡겨지면 그것은 안전하지 못하다는 것이다.

제23장 중상주의, 고리대 금지법, 인지 화폐 및 과소소비설에 관한 단상

약 200년에 걸쳐 경제 이론가들과 경제 실무자들은 무역수지가 유리한 나라에는 특별한 이득이 발생하고 무역수지가 불리한 나라에는, 특히 불리한 무역수지 때문에 귀금속이 유출되는 경우 커다란 위험이 발생한다는 생각에 아무런 의심도 하지 않았다. 그러나 과거 100년 동안에 특기할 만한 의견의 차이가 생겼다. 대부분 국가의 정치가와 경제 실무자들 대다수, 그리고 그 생각과 반대되는 의견을 가진 국가인 영국에서도 정치가와 경제 실무자들의 거의 반에 해당하는 사람들이 여전히 옛날의 학설을 신뢰하고 있다. 반면 거의 모든 경제 이론가들은 그런 사안에 대한 염려는 매우 근시안적인 경우를 제외하고는 절대적으로 근거 없는 것이라고 주장한다. 대외무역의 메커니즘은 자기 조정적이고, 그 메커니즘에 간섭하려는 시도는 효과가 없을 뿐더러, 그런 시도로 인해 국제적 노동 분업의 이득이 박탈되기 때문에 그런 시도를 하는 사람들을 크게 빈곤하게 만들리라는 것이다. 이 전통에 따라 옛날의 견해를 **중상주의**라 부르고, 최근의 견해를 **자유무역주의**라 부르는 것이 편리할 것이다.

일반적으로 말해 현대의 경제학자들은 중상주의적 실천이 공정하게 주장할 수 있는 이득을 상쇄하고도 남는 이득이 국제적 노동 분업을 통해 통상 발생한다고 주장할 뿐만 아니라, 중상주의적 주장이 처음부터 끝까지 지적인 혼동에 기초해 있다고 주장한다.

내가 중상주의 학설이 갖고 있는 과학적 진리의 요소라고 생각하는 것을 나 자신의 용어로 진술하기로 한다.

한 국가의 부가 어느 정도 급속하게 성장할 때 이런 행복한 상황의 진전은 자유방임의 조건에서는 새로운 투자에 대한 유인이 불충분함으로 인해 중단될 수 있다. 소비성향을 결정하는 사회적 · 정치적 환경과 국가별 특성이 주어져 있을 때, 진보하는 국가의 후생은 근본적으로 그런 유인이 충분한가 아닌가에 좌우된다. 그런 유인은 국내투자나 대외투자에서 발견될 수 있다(후자에는 귀금속의 축적이 포함된다). 이 두 형태의 투자가 합해져 총투자가 된다. 총투자량이 이윤 동기에 의해서만 결정되는 조건에서 국내 투자의 기회는 장기적으로 국내 이자율에 의해 지배된다. 반면 대외투자의 크기는 유리한 무역수지 상황의 크기에 의해 결정될 수밖에 없다. 따라서 공공 당국의 후

광 속에서 직접투자가 이루어지는 경우가 없는 사회에서 정부가 관심을 기울여야 하는 것이 마땅한 경제적 목표물은 국내 이자율과 대외무역수지다.

이제, 임금 단위가 어느 정도 안정적이고 상당한 크기의 자율적 변화를 겪지 않는다면(이 조건은 거의 언제나 충족된다), 또 유동성선호 상태가 단기 변동의 평균으로 보아 어느 정도 안정적이면, 그리고 금융 체제의 관행도 안정적이면 이자율은 사회의 유동성 욕구를 충족시키는 데 사용될 수 있는 (임금 단위로 측정된) 귀금속의 양에 의해 지배되는 경향이 있다. 동시에, 상당한 양의 대외 채무와 외국의 영토에 속한 부의 직접 소유권이 거의 현실적이지 못한 시대에 귀금속 양의 증감은 무역수지가 유리한가 불리한가에 크게 좌우된다.

따라서 정부 당국이 무역수지를 유리하게 만드는 데 몰두했던 것은 위의 두 가지 목적을 이루는 데 유용했다. 더 나아가 유리한 무역수지는 그 목적들을 달성하는 데 사용할 수 있는 유일한 방법이었다. 정부 당국이 국내 이자율이나 국내 투자를 위한 다른 유인들에 대해 직접적인 통제를 하지 못하고 있었을 때, 유리한 무역수지를 증가시키는 방법은 대외투자를 증가시키는 수단으로 그들이 사용할 수 있었던 유일한 **직접적** 수단이었다. 동시에 유리한 무역수지가 귀금속 유입에 끼치는 영향은 정부가 국내 이자율을 내림으로써 국내 투자를 위한 유인을 증가시키는 유일한 **간접적** 수단이었다.

내 비판의 추는 자유방임 학설의 **이론적** 기초가 부적절하다는 데로 향한다. 즉, 내 비판은 이자율과 투자량이 최적 수준으로 저절로 조정되므로 무역수지에 대한 집착은 시간 낭비라는 생각에 대한 비판이다. 우리 경제학자들은 수세기에 걸쳐 국가 운영 실무의 제일의 목표였던 것이 실은 어리석은 것이었다고 주장함으로써 주제넘은 실수를 저질렀음이 판명된다.

국정 운영은 경제 체계 전체에 관심이 있고 체계의 전체 자원이 확실히 최적으로 사용되게끔 하는 것과 관련된다. 이 국정 운영에 대한 공헌으로서 16세기와 17세기 경제사상의 초기 선구자들의 방법은, 단편적이기는 하지만 리카도의 비현실적인 추상이 처음에는 망각했다가 후에는 삭제해 버린 실용적 지혜가 되었다. 그들은 고리대 금지법을 통해, 그리고 국내 화폐량을 일정 수준으로 유지하고 임금 단위의 상승을 억제함으로써 이자율을 낮은 수준으로 유지하려고 했다. 그리고 불가피하게 해외로의 유출이 발생하거나 임금 단위가 상승하거나 혹은 어떤 다른 원인에 의해서라도 화폐량이 명백하게 부족해졌을 경우, 최후의 수단으로 자국 통화의 평가절하를 통해 화폐량을 복구할 준비가 되어 있었다. 그들의 이런 태도에는 지혜가 담겨 있었다.

중상주의자들의 사고에는 이자율이 어떤 적정 수준으로 자동적으로 조정되는 경향을 갖는다는 생각이 전혀 없었다. 반대로 중상주의자들은 과도하게 높은 이자율이 부의 성장을 저해하는 주요 방해물임을 강조했다. 그들은 이자율이 유동성선호와 화폐량에 좌우된다는 것마저 알고 있었다. 그들은 유동성선호를 감소시키고 화폐량을 증가시키는 데 모두 관심이 있었고, 그들 중 몇몇은 화폐량의 증가에 대한 그들의 깊은 관심이 이자율을 하락시키고자 하는 욕구에 기인한다는 사실을 명백히 했다.

중상주의자들은 그들의 정책이 국민주의적인 성질과 전쟁을 유발하는 성향을 지니고 있다는 데 전혀 환상을 갖고 있지 않았다. 그들은 자신들이 지향하고 있는 것이 **자국민**의 이익과 **상대적**인 부강임을 인정했다.

우리는 그들이 국제통화 체제가 가져오는 이런 불가피한 결과를 무덤덤하게 받아들였다는 점을 비판할 수 있다. 그러나 지적으로 보았을 때 그들의 현실주의는 국제적인 고정 금본위제도와 국제적 대부에 있어서 자유방임을 주장하는 작금의 사람들이 보이는 사고의 혼란보다 훨씬 낫다(현대 사람들은 그런 정책이 평화를 촉진하는 데 가장 좋은 정책이라고 믿는다).

전쟁 전의 영국이 그러했듯이, 상당한 기간 동안 명목계약과 관습이 정도의 차이는 있지만 고정되어 있고 국내에서 유통되는 화폐량과 국내 이자율이 일차적으로 국제수지에 의해 결정되는 경제에서, 국내의 실업을 완화시키는 수단으로 정부 당국이 사용할 수 있는 정통적인 수단은 다른 나라를 희생시켜 가면서 수출로부터 잉여를 얻고 화폐용 금속을 수입하려 애쓰는 것 이외에는 없다. 한 국가의 이익이 다른 인근 국가의 이득과 상충되도록 하는 데 국제 금본위제도(이전에는 은본위제도)만큼 효과적인 방안이 만들어진 적은 역사상 전혀 없었다. 이 제도 덕분에 국내의 번영은 경쟁적인 시장 추구와 귀금속에 대한 경쟁적인 욕구에 직접 의존하게 되었다. 부가 성장하고 한계소비성향이 감소하면서 국가 간의 투쟁은 점점 더 상호 파멸의 경향을 보였다. 정통파 경제학자들의 일반 상식은 자신들의 잘못된 논리를 점검하는 데 불충분했기 때문에, 그들이 행한 역할은 최근의 사태에서 파국적인 결과를 가져왔다. 몇몇 국가들은 경제적 침체로부터 탈출하려고 맹 목적으로 몸부림치는 과정에서 이전에 이자율을 자율적으로 결정하지 못하게 했던 의무를 벗어던져 버렸다. 이때 정통파 경제학자들은 이전의 족쇄를 부활시키는 것이 전반적인 경기 회복을 향한 필수적인 첫걸음이라고 주장했다.

그러나 실은 그 반대의 것이 옳다. 국제적인 사안에 대한 깊은 관심에 의해 제약받지 않고 이자율을 자율적으로 결정하는 정책, 그리고 국내의 고용을 최적 수준에 도달시키기 위한 국내 투자 프로그램을 시행하는 정책은 이중의 축복을 받는다. 그런 정책은 자국과 이웃 국가들을 동시에 돕는 것이다. 바로 이런 정책들을 모든 국가들이 동시에 추구할 때 비로소 국내의 고용수준으로 측정하건 국제무역량으로 측정하건 국제적으로 경제의 건강과 활력이 회복될 수 있다.

수세기 동안, 아니 수천 년 동안, 계몽된 사람들이 확실하고 명백한 것으로 생각해 온 학설이 있다. 고전학파는 이 학설을 유치한 것으로 폄하했지만, 이 학설은 이제 복원되고 명예를 회복할 자격이 있다. 내가 말하는 학설은, 이자율은 사회적 이익에 가장 잘 맞는 수준으로 저절로 조정되지 않으며 오히려 너무 높은 수준으로 계속 상승하는 경향이 있으므로 현명한 정부라면 법령과 관습에 의해, 혹은 도덕률의 제재에 호소해서라도 이자율을 억제하는 데 관심을 두어야 한다고 주장하는 것이다.

고리대금을 금지한 법들은 우리가 기록을 갖고 있는 고대의 경제적 실천 중 가장 오래된 것 중의 하나다. 어느 누구도 안전하다고 간주될 수 없었던 세계에서 이자율은 사회가 사용할 수 있는 모든 수단을 통해 억제하지 않는다면 적절한 수준의 투자 요인을 가져오기에 너무 높은 수준으로 거의 불가피하게 상승했을 것이다.

게젤[20]은, 실질자본의 성장은 화폐이자율에 의해 억제되는데, 이 브레이크가 제거되면 현대사회에서 실질자본의 성장이 매우 급속하게 이루어져서 즉시는 아니지만 비교적 짧은 시간 내에 이자율이 0이 될 가능성이 높다고 주장한다. 따라서 이자율을 하락시키는 것이 급선무이고, 그가 지적하듯이 이 일은 다른 불모의 재화들과 마찬가지로 화폐에 운반비용이 유발되도록 하면 이루어질 수 있

---

20) 실비오 게젤(Silvio Gesell, 1862~1930) : 아르헨티나에서 활동한 독일의 경제학자. 화폐 이론을 다룬 《자연적 경제 질서》를 1916년에 출판했다. 케인스는 《일반이론》 제23장 제6절에서 이 책에서 제시된 이론을 상세하게 다룬다.(옮긴이 주)

다. 이런 생각은 게젤로 하여금 그 유명한 '인지' 화폐를 주장하게 만들었다. 이 제안에 따르면 통화 지폐가 그 가치를 유지하기 위해서는 마치 보험증서와 마찬가지로 지폐에 매달 인지를 부착해야 하는데, 이 인지는 우체국에서 구매할 수 있다(이 제안이 적어도 어떤 형태의 은행 화폐에 대해서도 적용될 수 있어야 함은 분명하다). 물론 인지비용은 적절한 수준이라면 어떤 수준에서라도 고정될 수 있다. 내 이론에 따르면 인지비용은 완전고용과 양립하는 신투자율에 상응하는 자본의 한계효율과 비교해 화폐이자율이 (인지 자체의 비용은 제외하고) 그 한계효율을 초과하는 크기와 개략적으로 같아야 한다.

인지 화폐의 근저에 있는 사고는 합당하다. 실제로 그것을 어떤 적절한 규모로 실천에 옮기는 수단도 찾을 수 있을지 모른다. 그러나 게젤이 직시하지 않은 난점들이 많이 있다. 특히 그는 화폐가 유동성 프리미엄을 수반하는 유일한 자산이 아니라 다른 모든 것들과 오직 정도의 차이만 있다는 사실, 즉 화폐는 다른 어떤 것에 비해 **더 큰** 유동성 프리미엄을 갖는다는 데에서 그 중요성이 도출된다는 사실을 모르고 있었다. 따라서 만일 통화 지폐가 인지 시스템에 의해 그 유동성 프리미엄을 박탈당한다면, 은행 화폐, 즉시 채무, 외국 화폐, 보석과 귀금속 일반 등등의 수많은 대체물이 그것을 대신할 것이다.

과소소비에 대한 불만은 중상주의적 사고에서는 매우 부차적인 측면에 불과하다. 그러나 헤크셰르[21] 교수는 그가 '사치재의 효용에 대한 깊은 신뢰와 검약의 해악'이라 부르는 것의 많은 예들을 인용한다. '실제로 검약은 실업의 원인으로 생각되었는데, 그것은 두 가지 이유에서였다. 첫째, 실질소득은 교환되지 않는 화폐의 크기에 따라 감소한다고 믿어졌기 때문이고, 둘째, 저축은 화폐를 유통에서부터 빼낸다고 믿어졌기 때문이다.'

[버나드 맨더빌의] 《벌들의 우화》는 '윙윙거리는 벌집, 혹은 정직해진 악한들'에 대한 풍자시다. 번성하는 사회에서 갑자기 모든 시민이 저축을 위해 사치스런 생활을 접어야겠다고 마음먹고 정부가 군비를 삭감하겠다고 마음먹을 때 그 사회가 당할 끔찍한 곤경이 펼쳐진다.

---

21) 엘리 헤크셰르(Eli Heckscher, 1879~1952) : 스웨덴의 경제학자. 국제무역의 패턴을 설명하는 헤크셰르-올린 모형으로 유명하다. 《일반이론》 제23장은 그의 저서 《중상주의》를 기본 문헌으로 중상주의를 논하고 있다.(옮긴이 주)

제24장 일반이론을 통해 도달할 사회철학에 관한 결론적 단상

현재 우리가 살고 있는 경제사회가 가진 눈에 띄는 결점은, 완전고용을 제공하는 데 실패했다는 것과, 부와 소득이 임의적으로 불평등하게 분배되어 있다는 것이다. 앞에서 제시된 이론이 첫 번째 결점에 대해 갖는 함의는 분명하다. 그러나 두 번째 결점과 상관이 있는 중요한 두 가지 측면이 존재한다.

19세기 말부터 특히 영국에서는 소득세, 소득누진부가세, 상속세 등의 직접 과세 수단을 통해 부와 소득의 극심한 불평등을 제거하는 방향으로 중요한 진보가 이루어졌다. 많은 사람들이 이 진보가 더 진행되기를 바란다. 그러나 이들의 생각은 다음 두 가지 고려에 의해 저지된다. 부분적으로는 과세 때문에 세금을 회피하려는 교묘한 기술이 시도할 가치가 있는 것이 되어 버리고, 기업의 위험 감수에 대한 동기가 과도하게 축소되어 버릴지도 모른다는 염려다. 그러나 주된 고려는 자본 성장이 개인의 저축에 대한 동기가 갖는 힘에 좌우되며, 자본 성장의 많은 부분이 부유층의 풍요로부터 나오는 저축에 의존한다는 믿음이다. 우리의 주장은 이런 고려의 첫 번째 것에는 영향을 주지 않는다. 그러나 우리의 주장은 두 번째 고려에 대한 사람들의 태도를 상당한 정도로 수정할 것이다. 왜냐하면 우리가 지금까지 보았듯이, 완전고용이 달성되는 점까지는 만일 소비성향이 낮다면 자본 성장은 이에 전혀 고무되지 않고 오히려 그 때문에 저지당하며, 오직 완전고용의 상태에서만 낮은 소비성향이 자본 성장에 기여하기 때문이다. 따라서 현재의 상황에서 부의 성장은 부유층의 절약에 의존하기보다는 오히려 그에 의해 저지당할 가능성이 높다. 따라서 커다란 부의 불평등을 정당화하기 위해 사회에서 제시하는 주장 중 하나가 제거된다.

그러나 부의 불평등이 앞으로 어떻게 될 것인가에 커다란 함의를 갖는 훨씬 더 근본적인 추론을 우리의 주장으로부터 도출할 수 있다. 그것은 우리의 이자율 이론이다. 과도하지 않게 높은 이자율을 정당화하는 지금까지의 논리는 저축에 대한 충분한 유인을 제공할 필요성에 있었다. 그러나 우리는 유효 저축의 크기가 투자 규모에 의해 결정되며, 투자의 규모 증가가 낮은 이자율에 의해 촉진된다는 것을 보았다. 물론 여기에는 완전고용에 상응하는 점 이상에서는 이런 방식으로 투자를 촉진하지 않는다는 조건이 붙는다. 따라서 완전고용이 달성되는 자본의 한계효율표와 비교하면서 완전고용에 상응하는 점까지 이자율을 하락시키는 것이 우리에게 최대의 이익을 가져다준다.

이 기준에 따를 때 이자율은 지금까지 지배적이었던 수준보다 훨씬 낮아질 것이다. 나는 자본의 한계효율이 매우 낮은 수준으로 떨어질 때까지 자본의 크기를 증가시키는 일이 그리 어려운 일이 아니라는 의미에서 자본 수요가 엄격하게 제한되어 있다고 믿는다. 이 말은 자본 수단의 사용이 거의 아무런 비용도 유발하지 않는다는 것을 뜻하지는 않는다. 단지 자본 수단으로부터의 수익이 소모와 구식화에 따른 자본의 소진, 그리고 숙련과 판단의 실행 및 위험을 포괄하는 약간의 여분을 감당하는 수준보다 그리 높지 않아야 할 것이라는 것을 뜻할 뿐이다.

이런 상황은 어느 정도의 개인주의와 상당히 잘 양립할 수 있다. 그러나 이런 상황은 곧 금리생활자의 안락사, 따라서 자본의 희소가치를 착취하는 자본가 계급의 누적적인 억압의 안락사를 뜻한다. 오늘날 이자는 토지에 대한 지대와 마찬가지로 진정한 의미의 희생에 대한 보답이 아니다. 토지 소유자는 토지가 희소하기 때문에 지대를 획득할 수 있다. 마찬가지로 자본 소유자는 자본이 희소하기 때문에 이자를 획득할 수 있다. 그러나 토지의 희소성에는 본래적인 이유가 있을 수 있으나 자본의 희소성에는 본래적인 이유가 존재하지 않는다. 이자의 형태로 보수를 제공해야지만 발생할 수 있는 진정한 희생이라는 의미에서 그런 희소성에 대한 본래적인 이유는 존재하지 않는다. 예외가 있다면 그것은 개인의 소비성향이 갖는 성질로 말미암아 장기적으로 자본이 충분히 풍성해지기 이전에 완전고용 조건에서의 순저축이 0이 되는 경우다. 그러나 이 경우에도 자본이 더 이상 희소하지 않은 점까지 자본이 성장할 수 있게 할 수준으로 사회의 저축을, 국가를 매개체로 해서 유지할 수 있을 것이다.

따라서 나는 자본주의의 금리생활자 측면이 실은 이행기의 단계로서 그 역할을 마칠 때 사라져 버릴 것이라고 본다. 금리생활자 측면이 사라지면 자본주의 안에 있는 그 외의 많은 것들이 커다란 변화를 겪을 것이다. 더군다나 내가 지금 주장하는 사건의 순서는 커다란 이점이 있을 것이다. 금리생활자의 안락사, 즉 기능을 잃은 자본가의 안락사는 갑작스러운 사건이 아니라, 우리가 최근 영국에서 보고 있는 상황이 점진적이지만 오랫동안 계속되는 것에 불과하고 이를 위해 혁명이 필요하지는 않다.

국가는 부분적으로는 조세 체계를 통해, 부분적으로는

이자율 고정을 통해, 또 부분적으로는 어쩌면 다른 수단을 통해 소비성향의 방향을 인도하는 영향력을 행사해야 할 것이다. 더 나아가 금융정책이 이자율에 끼치는 영향이 그 자체로 최적 투자율을 결정하기에 충분할 가능성은 그리 높지 않아 보인다. 따라서 나는 어느 정도 전반적인 투자의 사회화만이 완전고용에 근접하는 유일한 수단이라고 생각한다. 그러나 이 선을 지나서는, 사회의 경제적 삶의 대부분을 포괄하는 국가사회주의 체계를 정당화할 명백한 근거는 존재하지 않는다. 국가가 지녀야 할 중요한 것은 생산수단의 소유가 아니다. 생산수단을 확대하는 데 사용되는 자원의 총량과 그 자원의 소유자들이 획득할 기초 수익률을 국가가 결정할 수 있다면 이미 국가는 필요한 모든 것을 달성한 것이다. 더군다나 투자의 사회화를 위해 필요한 방법들은 점진적으로, 그리고 사회의 일반적인 전통을 중단시키지 않고서도 도입될 수 있다.

현재 인정받고 있는 고전학파 경제 이론에 대한 우리의 비판은 고전학파 경제 이론의 분석에서 논리적 오류를 찾아내는 것이 아니었다. 우리의 비판은 고전학파 경제 이론이 암묵적으로 채택하고 있는 가정들이 [현실에서] 거의 혹은 전혀 충족되지 않으므로 실제 세계의 경제 문제들을 해결할 수 없다는 사실을 지적하는 것이었다. 그러나 우리가 중앙 통제를 통해 현실적으로 가능한 한 완전고용에 가까운 수준에 상응하는 총산출량을 달성하는 데 성공한다면, 그때부터 고전학파 이론은 다시 유효해진다. 산출량이 주어져 있다고, 즉 산출량이 고전학파의 사고 체계의 외부에 있는 힘들에 의해 결정된다고 상정해 보자. 그러면 어떤 특정한 상품들이 생산될 것인가, 그 상품들을 생산하기 위해 생산요소들이 어떤 비율로 결합될 것인가, 그리고 최종 생산물의 가치가 생산요소들 간에 어떻게 분배될 것인가가 사적인 자기 이해에 의해 결정되는 방식에 대한 고전학파의 분석에 반대 의견을 내세울 하등의 이유가 없다. … 따라서 중앙 통제를 통해 소비성향과 투자 요인 사이를 조정할 필요성 이외에는 경제적 삶을 사회화할 이유가 이전보다 더 커지지 않는다.

고전학파 이론에 존재하는 간극을 채우는 일은 '맨체스터 체계[자유방임 체계]'를 폐기하는 것이 아니라, 경제적 힘들의 자유로운 활동이 생산의 잠재성을 완전하게 실현하는 데 요구되는 환경의 성격을 지적하는 것이다. 물론 완전고용을 보장하기 위해 필요한 중앙 통제는 정부의 전통적인 기능들을 크게 확장시킬 것이다. 더 나아가 현대의 고전학파 이론은 경제적 힘들의 자유로운 활동을 제어

하거나 그것에 방향을 제시할 필요가 있는 여러 조건들에 주의를 환기시켜 왔다. 그러나 그래도 사적인 주도권과 책임이 실행될 영역이 넓게 존재할 것이다. 이 영역 내에서는 개인주의의 전통적인 장점들이 여전히 유효할 것이다.

여기서 잠깐 그 장점들이 무엇인지 생각해 보기로 하자. 그 장점들은 부분적으로 효율성의 장점, 즉 탈집중화와 자기 이해의 활약이 지닌 장점들이다. 의사 결정의 탈집중화와 개인적 책임이 갖는 효율성의 장점은 어쩌면 19세기에 상정되었던 것보다 지금 훨씬 더 클지도 모른다. 자기 이해에 대한 호소도 너무 과도하게 비판받아 왔는지도 모른다. 그러나 무엇보다도 개인주의에서 그 단점을 제거하고 그 남용을 막는다면, 개인주의는 다른 체계와 비교해서 개인의 선택을 행사하는 영역을 크게 확장시킨다는 의미에서 개인적 자유를 위한 최선의 보호 장치다. 또 개인주의는 삶의 다양성을 위한 최선의 보호 장치다. 삶의 다양성은 정확히 바로 그 확장된 개인적 선택 영역에서 발생하고, 만일 삶의 다양성이 사라진다면 그것이 가져올 손실은 동질적이거나 전제적인 상태의 상실이 가져올 손실 중에서 가장 큰 손실에 해당한다. 그 이유는, 이 삶의 다양성이 이전 세대들이 가장 확실하고 성공적으로 행한 선택들을 체화하는 전통을 보존하기 때문이고, 삶의 다양성이 현재를 다양한 상상으로 색칠하기 때문이며, 또 삶의 다양성이 전통과 상상의 시녀일 뿐만 아니라 경험의 시녀이기도 하므로 더 나은 미래를 가져올 가장 강력한 도구이기 때문이다.

… 나는 정부 기능의 확장이야말로 현존하는 경제적 형태 전체가 붕괴되는 것을 막는 유일한 현실적 방법이자 개인의 주도권을 성공적으로 기능하게 하는 조건이라고 생각하기에 그것을 옹호한다. 만일 유효수요가 부족하다면, 자원 낭비라는 공공의 추문은 더 이상 참지 못할 것일 뿐 아니라 이 자원을 실행에 옮기려는 개별 기업가는 그에게 불리한 상황을 거슬러 활동하고 있는 것이다. 그가 하고 있는 위험스런 게임은 0인 카드가 많은 게임이어서, 게임을 하는 이들이 모든 카드를 다루려는 에너지와 희망을 갖고 있다면 게임을 하는 사람들 **전체**로 볼 때 손실이 발생한다. 지금까지 세계 부의 증가는 개인들의 저축 총량에 뒤떨어졌다. 그 차이는 용기와 주도권을 갖고 행동한 사람들이 예외적인 기술이나 비상한 행운이 뒤따르지 않아 겪은 손실로 메워져 왔다. 그러나 만일 유효수요가 적절하다면 평균적인 기술과 평균적인 행운으로 충분할 것이다.

새로운 체계는 이전 체계보다 평화에 더 우호적일 것이다. … 전쟁에는 여러 원인이 있다. 독재자와 그와 유사한 다른 지도자들에게 전쟁은 적어도 기대의 측면에서는 마음에 드는 흥분을 제공하므로, 그들에게 국민들 간에 존재하는 자연적인 호전성을 조작하는 일은 쉬워 보인다. 그러나 인기에 부합하는 화염을 부채질하는 그들의 임무를 용이하게 하는 이 이유 이외에도 전쟁에는 경제적인 원인들이 존재한다. 국민의 압력과 시장을 획득하기 위한 경쟁적 투쟁이 그것이다. 이 중 후자의 원인은 19세기에 가장 큰 역할을 했고 또다시 그럴 수도 있다. 따라서 이 원인은 우리의 논의에 적합하다.

이전 장들에서 나는 국내의 자유방임 체계와 19세기 후반에 정통적으로 받아들여졌던 국제 금본위제도 아래에서는 정부에게 시장을 획득하기 위한 경쟁적 투쟁 이외에는 국내에서의 경제적 곤경을 완화시킬 방법이 없다는 점을 지적했다. 그 이유는 소득 계정에서의 무역수지를 개선하는 방식을 제외하고는 만성적이거나 간헐적인 과소고용 상태에 도움이 되는 모든 방법이 제외되기 때문이다.

따라서 경제학자들은 현재의 국제 제도가 국제적인 노

동 분업의 성과를 제공하는 동시에 여러 국가들의 이익을 조화시킨다고 박수를 보내는 데 익숙해져 있지만, 그 배후에는 그리 양질이 아닌 영향이 숨어 있다. 그 정치가들은 상식에 의해, 그리고 사건의 참된 추이에 대한 정확한 이해에 근거해 움직였다. 그들은 만일 부유하고 오래된 국가가 시장을 획득하기 위한 투쟁을 무시한다면 그 국가의 번영은 기가 꺾이고 실패할 것이라 믿었던 것이다. 그러나 각 국가가 국내 정책을 이용해 완전고용을 스스로 달성할 수 있는 방법을 배운다면(그리고 추가하건대, 자국 인구 추세에서 균형을 달성할 수 있다면), 한 국가의 이익을 이웃 국가의 이익에 반해서 정립시키기 위해 필요한 중요한 경제적 힘들이 존재하지 않아도 된다. 그럼에도 불구하고 적합한 조건에서는 국제적인 노동 분업과 국제적 대부가 달성될 여지가 존재할 것이다. 그러나 한 국가가 다른 국가에 자신의 생산물을 강요하거나 이웃 국가의 생산물 제공을 거부할 급박한 동기는 더 이상 존재하지 않게 될 것이다. 그 이유는 그렇게 하는 것이 그 국가가 구매하고자 하는 것에 값을 지불할 수 있게 하는 데 반드시 필요하기 때문이 아니라, 그 국가에게만 이득이 되는 방향으로 무역수지를 발전시키기 위해 국제 지급에서의 균형을 깨뜨리려는 명시적인 목적에 필요하기 때문이다. 국제무역은 더 이상 현재의 모습이 아닐 것이다. 그 현재의 모습은 대외 시장에 자국의 상품을 강매하고 타국의 상품 구매는 제한함으로써 국내에서 고용을 유지하려는 필사적인 방편이라는 모습이다. 그런 방편은 만일 성공한다면 단순히 실업 문제를 투쟁에서 패자가 된 이웃 국가에게 떠넘길 것이다. 국제 무역의 새 모습은 상호 이득이라는 조건에서 재화와 서비스를 아무런 제약 없이 자발적으로 교환하는 모습일 것이다.

만일 위의 생각들이 옳다면 … 나는 그것이 가진 잠재력을 오랜 기간 동안 논박하는 것은 실수일 것이라 예측한다. 바로 이 시대에 사람들은 좀 더 근본적인 처방을 특별히 기대하고 있고, 특별히 더 그 처방을 수용할 자세가 되어 있고, 그 처방이 그저 가능성만 있다 하더라도 그것을 시도해 볼 열의에 가득 차 있다. 그러나 이런 현 시대의 분위기와는 별도로, 경제학자와 정치철학자의 사고는 그것이 옳을 때나 틀릴 때나 모두 사람들이 보통 생각하는 것보다 더 강력하다. 실제로 세계는 그 외의 다른 것에 의해서는 거의 지배되지 않는다. 실무를 담당하는 사람들은 자신이 지적인 영향권에서 상당히 떨어져 있다고 생각하지만, 실은 이미 고인이 된 어떤 경제학자의 노예일 뿐인 경우가 보통이다. 권좌에 있는 미치광이는 허공에서 목소리를 듣지만, 그 광기는 몇 년 전에 있었던 어떤 학구적인 난문으로부터 증류되어 나오는 것이다.

해설

케인스를 언급하지 않고, 더 정확히 말해서 케인스의 《고용, 이자 및 화폐에 관한 일반이론(The General Theory of Employment, Interest and Money)》(이하 《일반이론》으로 약칭)을 논의의 준거로 삼지 않고 현대 거시경제학을 이야기할 수 없다. 《일반이론》은 자타가 공인하는 현대 거시경제학의 출발점이다.

《일반이론》 이전의 거시경제학은 '공급이 수요를 창출한다'는 명제로 요약되는 세의 법칙(Say's Law)으로 대표된다. 세의 법칙에 따르면 노동은 항상(혹은 거의 항상) 완전고용수준에 있다. 반면 케인스에게 현실을 특징짓는 것은 상당히 오랜 기간 지속되는 노동의 실업이었다. 케인스는 《일반이론》에서 당대 주류 경제학의 결론과 현실 사이에 존재하는 분명한 괴리를 비판하고 실업을 설명하는 이론적 틀을 제공하며 노동의 완전고용을 달성하기 위한 정책을 제시한다.

실업이 일시적인 상황이 아니라 장기간 지속되는 현상임을 설명하기 위해 케인스는 《일반이론》에서 이론의 틀을 크게 세 부분으로 구성한다. **소비성향**(propensity to consume), **자본의 한계효율**(marginal efficiency of capital), **유동성선호**(liquidity preference)를 다루는 부분이 그것이다. 노동 고용량이 증가하면 그에 따라 산출량이 증가한다. 이때 경제 전체에서 소득이 증가하는 한편 생산비용이 증가한다. 생산자는 생산비용의 증가가 상품 판매를 통해 모두 만회되기를 희망한다. 그러나 케인스는 산출량 증가에 따른 소득의 증가량이 모두 상품 구매로 이어지지 않을(따라서 생산비용의 증가분이 모두 만회되지 않을) 가능성이 높다고 주장한다. 이것을 설명하기 위한 논의가 소비성향과 자본의 한계효율에 관한 논의다(상세한 설명은 아래 참조). 생산비용 증가분이 상품 판매를 통해 모두 만회되지 않으면 생산자는 산출량과 노동 고용을 이전보다 감소시킬 것이다. 생산비용의 증가분이 상품 판매액 증가분과 일치하지 않는다는 것은 투자와 저축이 일치하지 않음을 뜻한다(아래 설명 참조). 따라서 케인스에 따르면 투자와 저축의 불일치는 산출량과 고용량의 변화를 가져오며, 어떤 특정한 산출량과 고용량에서만 투자와 저축이 일치한다. 케인스 당대의 주류 경제학에서 노동의 고용량(따라서 산출량)을 결정하는 것은 노동 수요와 노동 공급의 관계이고, 투자와 저축이 불일치할 경우 두 양을 일치시키는 기능은 고용량이 아니라 이자율이다. 그러나 케인스에서 투자와 저축을 일치시키는 기능은 노동 고용량(따라서 산출량)에 주어진다. 이자율은 그런 기능을 수행하지 않는다. 케인스에서 이자율 결정을 설명하기 위한 논의가 바로 유동성선호에 관한 논의다. 유동성선호는 화폐에 대한 수요를 결정하는 요소다. 이자율은 화폐 시장에서 화폐 공급과 화폐 수요를 일치시킴으로써 결정된다.

이렇게 이론의 주요한 세 부분을 구축하고 나면 경제 전체의 산출과 고용을 결정하는 인과관계를 볼 수 있다. 인과관계는 유동성선호에서 시작한다. 우선 민간 부문의 유동성선호로 결정되는 화폐 수요와 통화 당국이 결정하는 화폐 공급의 결과로 이자율이 결정된다. 그런 후 이자율과 자본의 한계효율 사이의 비교를 통해 경제 전체의 투자지출이 결정된다. 이렇게 결정된 투자지출과 소비성향에 따른 소비지출은 경제 전체의 **유효수요**를 결정하고 이에 따라 산출과 고용량이 결정된다. 케인스 경제학의 구조는 다음과 같은 도식으로 표현될 수 있다.

이렇게 결정되는 고용량이 항상 완전고용량(노동 수요와 노동 공급이 일치할 때 결과하는 고용량)과 일치할 이

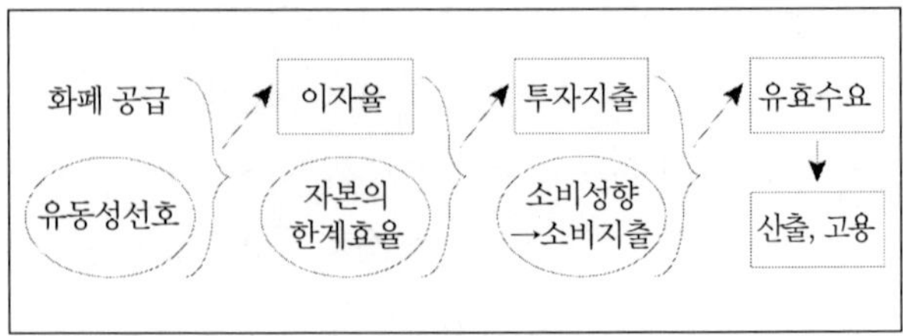

유는 전혀 없다. 완전고용을 달성하기 위해서는 소비지출과 투자지출을 합한 유효수요의 크기가 충분히(즉, 완전고용수준에서 발생하는 생산비용을 만회할 정도로) 커야 한다. 유효수요의 크기가 충분하지 않은 가장 주된 이유는 민간 부문에서 자율적으로 결정되는 투자지출의 규모가 충분하지 않은 데서 찾을 수 있다. 바로 여기에 **정부**의 역할이 있다. 완전고용을 달성하기 위한 정부의 정책은 투자지출이 충분한 규모로 실행되도록 하는 것이다. 민간 부문의 투자를 결정하는 주요소가 미래 경제 상황에 대한 기대이므로 정부는 투자자들이 미래 경제 상황에 대해 자신감을 갖고 투자할 수 있도록 여건을 조성해야 할 것이다. 이런 정책으로도 충분한 투자가 시행되지 않는다면 정부가 직접 투자지출을 할 수 있다. 이것이 정부의 재정 정책이다. 민간 부문의 투자 결정이 자율적으로 결정되는 한, 완전고용을 위한 정부의 역할은 필수적이다.

케인스가 《일반이론》에서 제시한 이론은 그가 '고전학파' 경제학이라 불렀던 당대 주류 경제학의 기초를 뒤엎는 것이었다. 고전학파 경제학의 가장 큰 문제점은 이론과 현실 사이에 존재하는 괴리에 맞닥뜨렸을 때 그런 괴리에 대한 이유를 현실의 불완전성에서 찾는 데 있었다. 케인스가 현대 거시경제학의 모든 논의에서 중심에 서는 이유는 이론에 맞지 않는다는 이유로 현실을 비난하지 않고 현실에 맞추어 이론을 구성했기 때문이다.

현재 케인스 저작의 표준 문헌은 1973년 영국왕립학회가 주관하고 맥밀런 출판사에서 출판한 《존 메이너드 케인스 총서(The Collected Writings of John Maynard Keynes)》다. 총 29권으로 구성된 총서는 케인스가 출판한 모든 저서와 팸플릿 및 미발표 원고(저서의 초본 포함), 편지들을 총망라한다.

총서 제7권으로 출판된 《일반이론》은 1936년 발간 당시의 서문과 독일어판, 일본어판, 프랑스어판 서문을 포함하고, 책 말미에 제1판의 인쇄 실수 및 책 발간 후 발표된 1936년과 1939년 논문을 부록으로 싣고 있다.

책의 본문은 총 6책으로 구성되어 있다. 제1책은 '서론'

으로, 세 개의 장으로 구성된다. 제1장은 '일반이론'의 의미를 한 쪽 분량으로 요약하고, 제2장은 이 책에서 비판의 대상이 될 '고전학파' 경제학의 기본 공준들을 논한다. 제3장은 자기 자신의 이론의 기초가 되는 '유효수요 원리'를 소개한다.

제2책은 '정의와 개념'에 관한 네 개의 장을 포함한다. 제4장에서 경제 변수의 단위에 대한 선택을 논하며, 제5장은 생산량과 고용량을 결정하는 중요한 요소로서 '기대(expectations)'를 다룬다. 제6장은 이 책에서 사용될 소득 · 저축 · 투자에 대한 정의를 명확히 한다. 제6장 말미에는 '사용자비용(user cost)'에 관한 논의가 첨부되어 있다. 제7장은 저축과 투자를 더 상세하게 논한다.

제3책은 '소비성향'을 다루는 세 개의 장으로 구성된다. 제8장은 소비성향을 결정하는 객관적 요소들을, 제9장은 소비성향을 결정하는 주관적 요소들을 논한다. 제10장에서는 한계소비성향과 승수의 관계가 다루어진다.

제4책은 '투자 요인'의 문제를 다루기 위해 여덟 개의 장이 할애된다. 제11장은 자본의 한계효율 개념을 설명하고, 제12장은 투자를 결정하는 가장 중요한 요소로서 장기 기대 상태를 논한다. 이자율 또한 투자의 중요한 결정요소다. 따라서 제13장에서는 유동성선호 이론을 통해 이자율 결정을 다루는 '이자율의 일반이론'이, 제14장에서는 이와 대비되는 고전학파의 이자율 이론에 대한 비판이 전개된다. 제14장에 덧붙여 마셜[22]과 리카도[23]의 이자율 이론에 대한 비판을 간략하게 제시한다. 제15장은 화폐에 대한 개인과 기업의 수요, 즉 유동성선호를 분석하고, 제16장은 자본의 본질에 대한 여러 단상을 적어 놓는다. 제17장은 '이자와 화폐의 본질적 성질들'이라는 제하에 화폐가 다른 상품들과 달리 갖는 성질들, 그에 따라 발생하는 이자의 특성을 논한다. 제18장은 거기까지의 논의를 정리한다.

제5책은 '화폐임금과 상품 가격'이라는 제하에 화폐와 물가의 문제를 심층 분석한다. 제19장은 화폐임금의 변화

---

22) 앨프리드 마셜(Alfred Marshall, 1842~1924) : 영국 케임브리지 대학에서 활동한 경제학자. 영미권에서 당대의 신고전학파 경제학을 대표했다. 《경제학 원리(Principles of Economics)》가 대표작이며, 여기서 설명된 가격결정 이론은 아직도 초급 미시경제학에서 그대로 사용된다.

23) 데이비드 리카도(David Ricardo, 1772~1823) : 애덤 스미스에 이어 영국 고전학파를 완성한 영국의 경제학자. 대표작으로《정치경제학과 과세의 원리(On the Principles of Political Economy and Taxation)》가 있다. 노동가치론에 근거해 가격결정 이론과 소득분배 이론을 발전시켰다.

에 따른 영향을 분석한다. 거기에 덧붙여서 피구[24]의 실업 이론에 대한 비판을 수록한다. 제20장은 '고용함수' 개념을 논하고, 제21장은 물가의 결정 요소들에 관한 논의로 구성된다.

마지막 책인 제6책은 지금까지 전개한 '일반이론'의 시각으로 여러 경제 문제를 분석한다. 제22장은 경기순환에 대한 단상들을, 제23장은 중상주의, 고리대 금지법, 인지화폐(stamped money), 과소소비설에 대한 단상들을 모아 놓는다. 마지막 장인 제24장은 '일반이론을 통해 도달할 사회철학'에 대한 결론적 단상들로 구성된다.

이 책은 총서의 제7권으로 발간된 《일반이론》에서 부록을 제외하고 본문의 3분의 1 정도를 발췌 번역했다.

---

24) 아서 세실 피구(Arthur Cecil Pigou, 1877~1959) : 영국 케임브리지 대학에서 마셜의 뒤를 이어 신고전학파 경제학을 발전시킨 영국의 경제학자. 후생경제학 분야를 개척한 공로가 널리 인정된다. 대표작으로 《후생경제학(The Economics of Welfare)》이 있다. '피구 효과(케인스의 이론대로 유효수요 부족으로 불완전 고용이 발생하면, 물가가 하락할 것이고 그에 따라 경제주체들이 소유한 부의 실질 가치가 증가하며, 이를 통해 경제주체들이 소비를 늘리는 결과가 발생하므로 결국 유효수요의 부족 문제가 자동적으로 해결된다는 주장)'를 통해 케인스의 경제학을 비판했다.

케인스 경제학의 지적 배경은 마셜과 피구로 대변되는, 케인스가 '고전학파 경제학'으로 명명한 경제학이었다. 케인스는 마셜과 피구에게 경제학을 배웠다. 마셜의 경제학은 당시(적어도 영어권에서는) '경제학 그 자체'라 여겨질 만큼 절대적인 영향력을 행사하고 있었다. 그러나 이렇게 직접 스승으로부터 배운 경제학은 《일반이론》에서 비판의 대상이 된다.

스승의 경제학을 비판의 대상으로 삼게 된 동기는 대공황이다. 1929년경 미국에서 시작되어 1930년대 말까지 전 세계를 휩쓴 대공황은 20세기 들어 가장 길고 심각한 양상을 보인 경기 침체였다. 경기 침체가 가장 심했던 1929년부터 1932년 혹은 1933년 사이의 산업 산출량은 미국에서 46.8%, 독일에서 41.8%, 프랑스에서 31.3%, 이탈리아에서 33%, 영국에서 16.2%, 일본에서 8.5% 감소했다. 미국의 실업률은 1933년 25.2%로 치솟았고, 1930년대에 평균 18%를 기록했다. 영국의 실업률은 1931년과 1932년 각각 21.3%와 22.1%였고, 독일의 경우 1931년에 34.3%, 1932년에 43.8%에 이르렀다(독일의 이런 상황은 1933년 1월 히틀러의 집권으로 이어졌다). 이 기간 동안 전 세계적 국제무역은 이전에 비해 반 이상이 감소했다.

그러나 이러한 현실에 대해 '고전학파 경제학'은 '세의 법칙'에 근거한 시장 작동에 의해 길지 않은 시간 안에 실업 문제가 해결되고 경제가 '정상적'인 모습을 되찾을 것이라고 주장했다. 케인스 자신도 1930년 《화폐론(Treatise on Money)》을 발간할 때까지만 해도 고전학파 경제학의 영향권에 있었다. 적어도 장기적으로는 시장에서 완전고용이 달성된다는 사고방식이 《화폐론》의 근저에 깔려 있었다. 후에 《일반이론》에서 생산량과 고용에 영향을 끼치는 메커니즘으로 작동하는 저축-투자의 불일치는 《화폐론》에서는 자본재와 상품 전체의 가격을 결정하는 메커니즘으로 이해되고 있다. 그러나 대공황이라는 현실이 케인스의 관점을 급진적으로 변화시켰다. 《일반이론》의 서문에서 케인스는 책의 주장이 "습관적인 사고와 표현의 양태로부터 탈출하려는 투쟁"의 결과라고 천명한다.

케인스는 대공황이 정점에 달했던 1933년에 발간한 《번영을 위한 방법(The Means to Prosperity)》에서 경기침체를 극복하기 위한 방법으로 적극적인 공공 지출을 주장했다. 이 책은 당시 갓 선출된 미국의 루스벨트(Franklin Delano Roosevelt) 대통령에게 전달되었고 그가 뉴딜 정책을 시작하는 기반이 되었다. 《일반이론》은 이렇게 현실 문제를 극복하기 위한 정책을 먼저 제안한 후에 이론적 근거를 제공하려 했던 노력의 결과라 할 수 있다. 《일반이론》이 발간되기 약 1년 전인 1935년 1월 1일 케인스는 친구인 버나드 쇼(Bernard Shaw)에게 보낸 편지에서, "지금 나는 사람들이 경제적 문제를 생각하는 방식을 당장은 아니지만 추측건대 앞으로 10년 안에 거의 완전히 바꿔 놓을 경제 이론에 관한 책을 쓰고 있다고 믿네"라고 말했다. 케인스의 이 예측은 그대로 적중했다. 《일반이론》 이후 현대 거시경제학의 전개는 《일반이론》에서 제시된 여러 관점을 세련되게 하거나 발전시키는 작업 아니면 그것을 비판하는 작업, 양자 중 하나의 형태를 띠게 되었던 것이다.

《일반이론》은 발간되자마자 학계의 주목을 받았다. 그러나 기존의 경제학과는 완전히 다른 결론과 그 결론에 도달하는 케인스만의 특유한 서술 방식은 쉽게 이해되지 못했다. 학계와 세간에서 《일반이론》에 대한 이해는 다른 학자들의 해석 작업에 의존해야 했다. 그런 해석 작업들 중 이후 거시경제학의 전개에 결정적인 영향을 끼친 것은 1937년 힉스[25]가 제시한 해석이다. 힉스는 케인스의 이론

25) 존 리처드 힉스(John Richard Hicks, 1904~1989) : 주로 영국 옥스퍼드 대학에서 활동한 경제학자. 현대적인 소비자 이론과 화폐 이론을 발전시켰다. 사회회계학을 창시하고 국민경제 계산을 이론화한 공로

을 물가가 주어져 있다는 가정에 근거한 발라[26]적인 일반균형 모형의 한 예로 해석했다. 후에 'IS-LM 모형'으로 명명되는 해석에서 힉스는, 경제 내에서 여러 주요 변수 간의 관계를 'IS 곡선'과 'LM 곡선(힉스의 원래 용어는 LL 곡선)'으로 요약한다. IS 곡선은 투자와 저축 간의 관계를 통해 도출할 수 있는 국민소득과 이자율 간의 역관계를 표현하고, LM 곡선은 화폐 수요와 화폐 공급 간의 균형에서 도출할 수 있는 국민소득과 이자율 간의 정관계를 표현한다. 이 두 곡선이 교차하는 점에서 경제의 균형이 성립되고, 이때 균형 국민소득과 균형 이자율이 결정된다. 물가가 주어졌으므로 국민소득 결정은 곧 물리적인 생산량 결정과 동일하고, 이에 따라 노동 고용량도 결정된다. 따라서 노동 고용량을 결정하는 요소는 한편으로 투자와 저축

로 1972년 노벨 경제학상 수상. 자본에 관한 3부작인 《가치와 자본(Value and Capital)》, 《자본과 성장(Capital and Growth)》, 《자본과 시간(Capital and Time)》으로 유명하다.

26) 마리 에스프리 레옹 발라(Marie Esprit Léon Walras, 1834~1910) : 스위스의 경제학자로 일반균형 이론 분야에서 선구자적인 업적을 남겼다. 《순수 정치경제학 요강(Élements d'économie politique pure)》이 그의 대표작이다. [경제사상사 학자들의 의견에 따르면 Walras의 표기는 '발라스'이지만, 이 책에서는 국립국어원의 외래어표기법에 따라 '발라'로 표기한다.]

(즉 소비), 다른 한편으로 화폐 공급과 화폐 수요(유동성 선호)에 영향을 끼치는 요소들로 간결하게 요약된다.

힉스의 'IS-LM 모형'은 케인스에 대한 '정통' 해석으로 빠르게 인정받게 되었다. 거기에는 중요한 이유가 있었다. 힉스의 해석은 케인스의 이론이 고전학파 이론과 논리적으로 전혀 상충되지 않는다는 해석을 가능하게 했기 때문이다. 힉스의 해석은 불완전고용 상태가 단기적인 균형 상태임을 시사했다. IS 곡선과 LM 곡선이 교차해 결정되는 상태는 물가가 주어져 있다는 가정 아래 성립하는 균형 상태이기 때문이다. 케인스의 비판 대상이 되었던 고전학파 경제학자들은 그런 상태가 영원히 지속되지 못할 것이고, 시장 내에서 자동적으로 변화가 일어나 그런 상태를 '교정'할 것임을 금세 간파했다. 실업이 지속되고 생산량이 완전고용수준에 미치지 못하는 상태가 지속되면 물가가 하락할 것이다. 그런데 물가가 하락하면 주어진 화폐 공급량이 명목상 변화하지 않더라도 실질상으로는 증가하는 것과 같은 효과가 발생한다. 이 효과는 LM 곡선의 우측 이동으로 나타나는데, 그 결과 생산량과 고용이 증가한다(이 경우 이자율은 하락한다). 또 물가가 하락하면 사람들이 소유한 부(wealth)의 실질적인 가치가 증가하므로 사람들은 소비량을 증가시킬 것이다. 이 변화는 IS 곡선의 우측 이동으로 표현되고, 그 결과 생산량과 고용이 증가한다(이 경우 이자율은 상승한다). 불완전고용 상태에서 시작한 경제는 이런 과정을 통해 결국 완전고용수준으로 돌아갈 것이다. 중요한 점은 이렇게 경제가 완전고용 상태로 돌아가는 데 케인스가 주장하는 정부의 역할이 필요 없다는 것이다. 불완전고용에 따른 물가 변화는 시장의 자동적인 작동 결과이고, 경제주체는 물가 변화에 따른 실질화폐 공급량의 변화나 실질 부의 변화에 자연적으로 반응할 뿐이며, 그 결과는 완전고용의 복구다. 다시 말하면, 케인스가 제시한 불완전고용 균형은 단기적으로 나타나는 현상이며, 이 불완전고용 상태는 시간이 흐르면(즉, 장기적으로) 시장의 작동에 의해 저절로 교정된다는 것이다. 이 관점에서 볼 때 케인스의 이론은 혁명적인 것이 아니다. 종국적으로(장기적으로) 고전학파의 이론이 옳으며 케인스가 논의하는 현상은 일시적인(단기적인) 것에 불과하다. 그리고 이런 생각은 케인스가 공격하는 고전학파 경제학에서도 이미 인정되어 왔던 것이다. 고전학파 경제학의 입장에서 케인스의 이론을 인정하지 못할 아무런 이유도 없게 된 것이다. 오히려 케인스의 이론은 고전학파가 이미 전개해 왔던 이론을 이전의 마셜적인 방식이 아니라 발라적인 일반균형 방식으로 서술한 것에 불과하다.

후에 '신고전학파 종합 케인스주의 경제학(Neoclassical Synthesis Keynesian Economics)' 혹은 단순히 '케인스주의 경제학'이라 불리게 되는 이런 입장은 1970년대까지 케인스적인 경제학을 대표하는 입장으로 거시경제학 이론의 주류인 동시에 거시경제 정책의 중심으로 자리 잡았다.

1950년대와 1960년대의 '자본주의 황금시대'를 거치면서 케인스주의 경제학은 주류 경제학으로서의 지위를 견고히 했다. 그러나 1970년대 초부터 발생하기 시작한 스태그플레이션은 케인스주의 경제학의 입지를 흔들기 시작했다. 생산량 하락과 물가 상승이 동시에 일어나는 현상을 케인스주의 경제학은 설명하지 못했기 때문이다. 이런 현상을 성공적으로 설명한 학자가 밀턴 프리드먼[27]이다. 프리드먼의 이론적 성공은 케인스주의 경제학에서 케인스적인 요소를 최대한 제거하고 고전학파적인 요소들

---

27) 밀턴 프리드먼(Milton Friedman, 1912~2006) : 통화주의 경제학을 대표하는 미국의 경제학자. 개별 주체들의 자발적인 의사 결정에 따라 움직이는 시장이 경제활동을 조직하는 가장 훌륭한 제도임을 주장했다. 대표 저서로 《소비함수 이론(A Theory of Consumption Function)》, 《미국 통화사(A Monetary History of the United States, 1867~1960)》(애나 슈워츠와 공저), 《실증경제학 논집(Essays in Positive Economics)》 등이 있다. 1976년 노벨 경제학상 수상.

을 더 많이 반영함으로써 이루어졌다. 1970년대 이후 케인스주의 경제학은 프리드먼에서 시작하는 '통화주의(Monetarism)'에 의해 주류 경제학의 위치에서 밀려나기 시작했다. 통화주의는 화폐를 단기적으로만 실물경제에 영향을 끼치고 장기적으로는 물가수준에만 영향을 주는 것으로 확립했다. 1980년대에 프리드먼의 제자 로버트 루커스[28]는 '합리적 기대 가설(rational expectations hypothesis)'에 근거해 통화주의를 더욱 고전학파적으로 만들었다(그래서 루커스의 입장은 '새고전학파(New Classical)'라 불린다). 루커스에 의해 화폐의 역할은 더욱 축소되어 초단기적으로만 경제주체의 오인을 통해서 실물경제에 영향을 끼치는 것으로 이해되었다. 에드워드 프레스콧[29]과 핀 쉬들란[30]의 '실물 경기변동 이론(real

---

28) 로버트 루커스(Robert Lucas, Jr., 1937~) : 미국 시카고 대학 경제학 교수. 합리적 기대 가설에 근거해 새고전학파 이론을 발전시킨 이론가. 1995년 노벨 경제학상 수상. 《경기변동론 연구(Studies in Business-Cycle Theory)》, 《경제 동학에서 재귀적 방법(Recursive Methods in Economic Dynamcics)》(낸시 스토키와 공저) 등의 대표 저서가 있다.

29) 에드워드 프레스콧(Edward Prescott, 1940~) : 현재 애리조나 주립대학의 W. P. 캐리(Carey) 경영대학 교수로 재직 중. 쉬들란과 공저한 《재량보다는 규칙에 따른 정책(Rules Rather Than Discretion)》과 《자본 설치 기간(A Time to Build)》에 근거한 업적으로 쉬들란과 2004년 노벨 경제학상 공

business cycle theory)'은 이보다 한 걸음 더 나아간다. 이들에 의하면 모든 경기변동은 화폐가 아닌 실물적인 관계의 변화에서 발생하고, 경제에서 관찰되는 실업은 그것이 아무리 대규모적이고 오래 지속된다 하더라도 모두 경제주체들이 합리적 선택을 한 결과다(즉, 케인스가 설명하고자 했던 비자발적 실업은 존재하지 않는다).

통화주의의 반격에 맞서 1980년대 말에 들어 케인스주의 경제학은 통화주의가 채택한 경제주체의 합리적 선택과 합리적 기대 가설을 케인스주의의 틀 속에 통합했고, 그 결과는 '새케인스주의(New Keynesianism)'로 나타났다[그래서 이제 이전의 케인스주의 경제학은 '구케인스주의(Old Keynesianism)'라 불린다]. 실업은 기본적으로 경제에서 나타나는 여러 종류의 경직성(특히 IS-LM 모형에서처럼 가격 경직성) 때문인데, 새케인스주의는 이런 경직성이 효용 극대화나 이윤 극대화라는 경제주체의 합리적 결정에 기인하는 것임을 보인다.

현재 거시경제학의 이론적 틀은 (새)고전학파와 (새)

동 수상.

30) 핀 쉬들란(Finn Kydland, 1943~) : 노르웨이 출생으로 현재 캘리포니아 대학 샌타바버라 캠퍼스에서 헨리 석좌교수로 재직 중. 프레스콧과 2004년 노벨 경제학상 공동 수상.

케인스주의가 통합된 것이다. 그러나 이런 통합의 근저에 깔려 있는 입장은 '단기적으로는 불완전고용이 가능하나 장기적으로는 결국 시장의 작동에 의해 완전고용이 성취된다'는 신고전학파 종합 케인스주의의 입장, 더 근본적으로 '세의 법칙'이다. 80년 전 케인스의 노력에도 불구하고 그의 '혁명'은 아직 성공하지 못한, 아직 진행 중인 과정이다.

[IS-LM 모형으로 대변되는 거시경제학의 '주류적 입장'과는 대조적으로 정작 케임브리지에서 케인스와 함께 《일반이론》 집필 단계의 토론에 깊이 관여했던 리처드 칸[31]과 조앤 로빈슨[32], 그리고 후에 케임브리지에서 활동하며

---

31) 리처드 칸(Richard Kahn, 1905~1989) : 케임브리지 대학교에서 물리학을 전공한 후 제럴드 쇼브(Gerald Shove)와 케인스에게 경제학을 사사했다. 1951년부터 1972년까지 케임브리지 대학교에서 경제학 교수로 재직했다. 케인스가 《일반이론》에서 사용한 승수(multiplier)의 개념은 원래 칸이 1933년 제시했던 개념이다.

32) 조앤 로빈슨(Joan Robinson, 1903~1983) : 케임브리지의 포스트 케인시언 경제학을 대표하는 경제학자. 1979년 케임브리지 대학교 킹스 칼리지(King's College)의 최초의 여성 선임 연구원(Fellow)으로 임명되었다. 대표 저서로 《불완전 경쟁의 경제학(The Economics of Imperfect Competition)》, 《마르크스 경제학 시론(An Essay on Marxian Economics)》, 《자본축적론(The Accumulation of Capital)》 등이 있다.

그들의 입장에 동조하게 된 니컬러스 칼도[33] 등은 힉스의 해석이 케인스의 입장을 심하게 왜곡한 것이라 주장했다. 이들은, 케인스 이론의 핵심은 자본주의 경제에 내재해 있는 근본적인 불확실성에 대한 케인스의 강조라고 주장한다. 불확실성 때문에 화폐가 사용될 수밖에 없으며, 화폐의 특성 때문에 불완전고용은 필연적이라는 것이다. 또 불확실성은 투자의 불안정성을 뜻하고, 이 때문에 경제는 경기변동을 겪을 수밖에 없다는 것이다. 불확실성은 자본주의 경제에 내재적인 것이므로 시장의 작동을 통해 저절로 없어질 수 없다. 정부의 기본적인 역할은 이런 내재적인 불확실성을 감소시키는 것이다. 이들의 입장은 후에 하이먼 민스키[34], 폴 데이비드슨[35], 빅토리아 칙[36] 등에

---

33) 니컬러스 칼도(Nicholas Kaldor, 1908~1986) : 헝가리 출신으로 초기에는 런던 정경대학에서, 후기에는 케임브리지 대학교에서 활동. 특히 케임브리지 성장 이론을 창안하고, 통화주의 화폐 이론과 정책 제안을 비판한 공헌으로 널리 알려져 있다. 대표 저서로 《경제적 안정과 성장에 관한 논문집(Essays on Economic Stabiltiy and Growth)》, 《통화주의라는 재앙(The Scourage of Monetarism)》 등이 있다.

34) 하이먼 민스키(Hyman Minsky, 1919~1996) : 워싱턴 대학교 세인트루이스 캠퍼스의 교수로 활동. 케인스에 대한 금융 이론적 해석을 바탕으로 금융 상태에 따른 경기변동론('민스키 금융 불안정성 이론')으로 널리 알려져 있다. 《'그것'이 또 일어날 수 있을 것인가?(Can 'It'

의해 '포스트케인시언(Post Keynesian) 경제학'으로 발전하지만 거시경제학의 주류 입장이 되지는 못했다.]

Happen Again?)》, 《불안정한 경제의 안정화(Stabilizing an Unstable Economy)》, 《존 메이너드 케인스(John Manynard Keynes)》 등의 대표 저서가 있다.

35) 폴 데이비드슨(Paul Davidson, 1930~) : 미국의 포스트케인시언 경제학을 대표하는 경제학자. 현재 녹스빌의 테네시 대학교 명예교수. 대표 저서로 《화폐와 실제 경제(Money and the Real World)》가 있다.

36) 빅토리아 칙(Victoria Chick, 1936~) : 미국 출생으로 1963년부터 2001년 은퇴할 때까지 영국의 유니버시티 칼리지 런던에서 활동했다. 대표 저서로 《통화정책 이론(The Theory of Monetary Policy)》과 《케인스에 따른 거시경제학(Macroeconomics After Keynes)》 등이 있다. 1988년 필립 아레스티스(Philip Arestis)와 함께 포스트케인시언 스터디 그룹을 창설했다.

지은이에 대해

케인스는 1883년 영국 케임브리지의 하비(Harvey) 가에서 태어났다. 아버지 존 네빌 케인스(John Neville Keynes)는 경제학자이면서 케임브리지 대학교 행정가였다. 네빌 케인스는 1890년에 발간된 《정치경제학의 범위와 방법(The Scope and Method of Political Economy)》이라는 경제학 방법론에 관한 책으로 널리 알려져 있다. 어머니 플로렌스 케인스는 케임브리지의 여자 칼리지인 뉴넘 칼리지(Newnham College)를 졸업한 후, 케임브리지 최초의 여성 시의원과 케임브리지 시장을 지냈다.

이튼 스쿨을 거쳐 케임브리지의 킹스 칼리지(King's College)에 진학한 케인스는 수학을 전공하면서 고전 · 철학 · 경제학 등을 수강했다. 그의 학부 생활에 중심이 된 것은 철학자 무어[37]가 주도한 '사도회(Apostles)'였다. 무

---

37) 조지 에드워드 무어(George Edward Moore, 1873~1958) : 버트런드 러셀(Bertrand Russell) 및 루트비히 비트겐슈타인(Ludwig Wittgenstein)과 함께 분석철학의 기초를 닦은 철학자. 윤리학에서 선(善)을 어떤 성질(예를 들어, 쾌락주의에서 '즐거움을 주는' 성질)로 정

어의 영향은 케인스의 세계관에 결정적인 영향을 끼친 것으로 알려져 있다. 사도회 회원들은 후에 '블룸즈버리 그룹(Bloomsbury Group)'의 주축이 되어 영국의 지성 사회를 주도했다. 졸업 시험인 '트라이포스(Tripos)'에서 전체 12등으로 1급 합격자(Wrangler)가 되었다. 졸업 이듬해에 국가공무원 시험에 합격한 케인스는 약 2년 동안 인도에서 공직을 지냈다. 인도에서의 경험을 바탕으로 케인스는 1913년 그의 최초의 저서 《인도의 통화와 금융(Indian Currency and Finance)》을 집필했다.

1908년 가을에 마셜의 권유로 경제학 강사 자격으로 케임브리지에 복귀한 케인스는 1909년 봄 킹스 칼리지의 선임 연구원(Fellow)으로 선출된다. 선임 연구원직의 응모를 위해 준비한 그의 논문은 1921년에 발간한 《확률론(Treatise on Probability)》의 모태가 되었다. 1911년 28세의 나이에 에지워스[38]의 후임으로 영국왕립경제학회 학

의하려는 입장을 '자연주의적 오류'라고 비판했다. 선이란 그 성질이 정의될 수 없는 것이며, 선의 문제는 도덕적 직관(도덕적인 반성을 통해 자명한 것으로 나타나는 명제)에 의거해 해결될 수 있다고 주장했다. 대표 저서는 《윤리학 원리(Principia Ethica)》가 있다.

38) 프랜시스 이시드로 에지워스(Francis Ysidro Edgeworth, 1845~1926) : 경제학에서 '에지워스 상자'라는 분석 방식으로 유명한 아일랜

술지 《이코노믹 저널(Economic Journal)》의 편집장을 맡아 33년 동안 재직했다. 1914년 제1차 세계대전이 발발하자 케인스는 재무성의 근무 위촉을 받아 1918년 전쟁이 끝날 때까지 전비 조달, 정부 재정, 환율 같은 전시체제하의 주요 경제정책 입안과 대외 협상에 주도적인 역할을 수행한다. 1919년 1월 영국 대표단의 재무성 대표 자격으로 베르사유 평화회담에 참가했지만 회담의 진행 상황에 실망해 6월에 대표직을 사직한 후, 그해 12월 《평화의 경제적 결과(The Economic Consequences of the Peace)》를 발간한다. 여기서 그는 독일에 과도한 전후 배상을 요구한 베르사유 평화조약을 강하게 비판했다[그는 영국 정부 전체를 대표했던 로이드 조지(Lloyd George)를 "마녀가 득실거리는 고대 켈트족 마법 세계의 숲에서 우리 시대로 온 반인(半人)의 방문자"로 묘사했다]. 독일에 대한 과도한 배상 요구는 독일의 경제 부흥을 저해하고 결국 유럽 전체의 경제 발전을 늦출 것이라는 이유에서였다. 이 책은 케인스의 문장가로서의 재능이 가장 잘 드러난 저서로 평가되며, 이 책을 통해 그는 세계의 주목을 받게 된다.

드 출신의 경제학자. 그의 '중핵(core)' 개념은 1950년대 이후 발전된 일반균형 이론과 게임 이론에서 중요한 위치를 차지한다. 대표 저서는 《수리정신학(Mathematical Psychics)》이다.

1921년에 발간한 《확률론》에서 케인스는 논리적 확률 이론을 제시한다. 케인스는 확률을 인식론적인 것으로 이해했다. 기존의 확률 이론이 사건의 빈도에 근거한 것인 반면에 케인스는 확률이 세계 자체의 속성이 아니라 사람들이 사건에 대해 갖는 믿음의 정도라고 주장한다. 그렇지만 확률은 인간의 변덕에 좌우되는 것이 아니라 논리적 관계라는 의미에서 객관적이다. 또 확률은 비수치적이며 상호 비교가 불가능한 질적인 것이다. 케인스의 확률 이론은 합리적 확률(rational probability) 이론이라고도 불린다. 확률적 판단의 합리성은 실제의 결과에 비추어 사후에 결정되는 것이 아니라 가용 증거를 바탕으로 실행되는 연역적 추론의 논리적 타당성에 의해 사전적으로 결정된다는 것이다. 확률적 판단의 합리성은 '논증의 무게(weight of argument)'와 '도덕적 위험(moral risk)'에 영향을 받는다. 논증의 무게는 확률적 판단을 지지하는 가용 증거의 양을 말하는데, 증거의 양이 많다고 사건의 확률 자체가 증가하지는 않지만 우리가 우리 자신의 판단에 대해 갖는 신뢰의 크기가 증가한다. 도덕적 위험의 문제에 따르면, 두 개의 서로 다른 행동이 동일한 확률적 선(goodness)을 갖고 있을 때 선의 규모는 크지만 그 선에 도달할 확률이 작은 행동과, 선의 규모는 작지만 그 선에 도달할 확률이 큰 행동 중 후자를 선택하는 것이 더 합리적이다. 이런 확률 개념은 후에 《일반이론》에서 사용하는 불확실성 개념과 그에 근거한 투자 이론에 철학적 기초를 제공한다.

케인스는 1923년 그의 '3부작' 중의 첫 번째인 《화폐개혁론(A Tract on Monetary Reform)》을 출간한다. 여기서 그는 금본위제도로의 복귀를 반대하면서 관리통화제도를 옹호한다(그럼에도 불구하고 영국은 1925년 금본위제도로 복귀한다). 관리통화제도를 통해 국내 물가수준을 안정적으로 유지할 수 있고 고용 문제를 해결할 수도 있으며 단기적으로 환율도 안정시킬 수 있다는 것이다(이 책에는 케인스의 유명한 경구, 즉 "장기적으로 우리는 모두 죽는다. … 만약 경제학자들이 폭풍우가 몰아치는 계절 한가운데서 폭풍이 그치면 대양은 다시 잠잠해질 것이라고밖에 말할 수 없다면, 그들은 너무도 쉽고 아무런 쓸모도 없는 임무를 스스로 설정하고 있는 셈이다"라는 경구가 나온다).

화폐에 대한 케인스의 주저이면서 그의 '3부작' 중 두 번째는 1930년 두 권으로 발간된 《화폐론》이다. 《화폐개혁론》에서 케인스는 전통적인 통화주의 이론, 좀 더 정확히 말하면 마셜의 현금 잔고 이론(cash-balance theory)에 근거하고 있으나, 《화폐론》에서 그 전통을 벗어나려는 움직임을 보인다. 그의 '3부작' 중 마지막 저서인 《일반이론》에서 중요한 위치를 차지하는 유동성선호 이론의 기초를 《화폐론》에서 찾아볼 수 있다. 《화폐론》에서 논의의 중심은, 물가 결정을 주도하는 요소는 이윤(정상 수준의 이윤을 넘는 초과이윤)이라는 명제다. 초과이윤은 수요가격(상품의 시장가격)이 공급가격(정상 이윤을 포함한 상품의 생산비용)을 초과하는 양으로 정의된다. 따라서 물가에 관한 연구는 수요가격과 공급가격에 각각 영향을 끼치는 요소들에 대한 연구로 환원된다. 케인스의 결론은 두 개의 '기본 방정식(fundamental equations)'으로 표현된다. 기본 방정식의 하나는 소비재 가격을 전체 상품의 단위 생산비용과 소비재 부문의 단위 초과이윤의 합으로 표현하고, 다른 하나는 전체 상품 가격을 전체 상품의 단위 생산비용과 경제 전체의 단위 초과이윤의 합으로 표현한다. 그런데 궁극적으로 소비재 부문의 전체 초과이윤은 현재 가격으로 계산된 투자재 부문 생산비용(I')이 저축(S)을 초과하는 양으로, 경제 전체의 초과이윤은 투자재 전체의 현재 가격(I)이 저축을 초과하는 양으로 계산된다[이런 계산을 위해서 케인스는, 경제 전체의 소득(E)을 현재 가격으로 계산된 경제 전체 상품의 생산비용으로 정의

한다. 따라서 그가 정의하는 소득에는 초과이윤이 제외되어 있다. 또 케인스는 저축을 소득에서 현재 가격으로 계산된 소비지출(C)을 제외한 양으로 정의한다($S=E-C$). 그러면 소비재 부문의 초과이윤은 $C-(E-I')=I'-S$로, 경제 전체의 초과이윤은 $(C+I)-E=I-S$로 구해진다]. 경제의 균형은 $I'=I=S$일 때 성립한다. 따라서 투자와 저축이 일치하지 않을 때 경제는 불균형 상태에 있으며, 그때의 특징은 물가가 변동한다는 것이다. 여기서 케인스는 《일반이론》에서와는 달리, 투자와 저축의 불일치를 생산량이 아니라 물가를 변동시키는 요인으로 이해하고 있다.

《화폐개혁론》과 《화폐론》 발간 사이의 기간에 케인스는 《마셜 전기(Memorials of Alfred Marshall)》(1924), 《자유방임주의의 종언(The End of Laissez-Faire)》(1924), 《처칠 씨의 경제적 귀결(The Economic Consequences of Mr. Churchill)》(1925), 〈우리 손자들의 경제적 가능성(Economic Possibilities for Our Grandchildren)〉(1928) 등의 소책자 발간과 강연을 하면서 활발한 활동을 했다. 젊은 시절 동성애 편향을 보였던 케인스지만 1925년에 러시아 출신의 망명 발레리나 리디아 로포코바(Lydia Lopokova, 1891~1981)와 결혼한 후 '미와 두뇌의 결합'

이라는 언론의 평에 걸맞은 결혼 생활을 유지했다. 《화폐론》과 《일반이론》의 발간 사이의 기간에는 기존에 발표했던 경제 평론을 모은 《설득을 위한 에세이집(Essays in Persuasion)》(1931), 당대의 정치가들과 과거 및 당대의 경제학자들의 전기를 다룬 《전기 에세이집(Essays in Biography)》(1933) 등을 출간했다. 대공황이 정점에 달했던 1933년에는 《번영을 위한 방법》을 발표했다.

제2차 세계대전 중에 케인스는 《어떻게 전비를 조달할 것인가(How to Pay the War)》(1940)에서 세율을 높이고 노동자들이 정부에 대부하는 형태의 강제 저축을 통해 전비를 조달할 것을 제안했다. 종전이 되어 갈 즈음 케인스는 영국을 대표해 유럽의 경제 질서를 재편하는 작업에 참여했다. '케인스 플랜(Keynes Plan)'으로 알려진 급진적인 제안에서 그는 국제적 차원에서 유동성의 공급 확대를 주목표로 삼는다. 이를 위해 '방코(Bankor)'라는 새로운 국제결제 화폐를 사용할 것과 각국 중앙은행의 출자를 기반으로 국제 청산 은행을 창설할 것을 주장했다. 그러나 후에 '브레턴우즈 협정(Bretton Woods Agreements)'으로 명명된 최종안에서는 미국의 이익을 대변한 화이트(Harry D. White)의 안이 절대적으로 반영되었다. 화이트안은 환율 안정을 위해 안정화 기금을 설립하는 것에 초점

이 맞춰져 있고, 그 결과 탄생한 것이 현재의 세계은행(World Bank)과 국제통화기금(IMF)이다. 그러나 이후 국제경제 질서의 진행 과정은 케인스의 안이 더 옳은 것이었음을 증명하고 있다.

1931년부터 건강이 급격히 나빠진 케인스는 1937년에는 중증의 심장 질환으로 입원하기도 했다. 이후 케인스의 활동은 크게 제약되었다. 1942년 '틸턴 남작(Baron of Tilton)' 작위를 수여받은 후 자유당 상원의원으로 활동했다. 1946년 4월 21일 틸턴에서 심장마비로 사망했다.

옮긴이에 대해

박만섭은 고려대학교 경제학과를 졸업한 후 케임브리지 대학교에서 경제학 석사 학위와 맨체스터 대학교에서 경제학 박사 학위를 취득했다. 그 후 리즈대학교에서 7년간 교수로 재직했으며, 1998년부터 고려대학교에서 교육과 연구에 임하다 2024년 은퇴하여 현재 고려대학교 명예교수로 있다. 이단 경제학, 그중에서도 스라피언 경제학과 포스트케인시언 경제학의 관점에서 경제학의 여러 문제들을 연구한다. 특히 스라파의 생산가격 이론 체계와 케인스의 유효수요 이론 체계를 종합하는 작업과, 포스트케인시언의 내생화폐 이론을 경제성장 이론 체계에 통합하는 작업을 주된 연구 관심으로 삼는다. 그 외에 경제학설사 · 사상사와 경제학 방법론 분야도 그의 지속적인 연구 대상이다. 〈The Impossibility of Capitalist Instantaneous Production〉, 〈Capital and Interest in Horizontal Innovation Models〉, 〈Homogeneity Masquerading as Variety〉, 〈Growth and Income Distribution in a Credit-money Economy〉 등 많은 논문을 저명 국제학술지에 발표했다. 저서로 《경제의 교양을 읽는다: 고전편》(공저), 《경제의 교양을 읽는다: 현대편》(공저), 《포스트케인지언 내생화폐이론》, 《경제학들의 귀환》(공저), 《자본, 가치, 분배: 희소성과 재생산성》(출간 예정) 등이 있다. 《케인즈의 경제학》, 《경제학, 더 넓은 지평을 향하여》를 편집했고, 《현대거시경제학》(공역), 《경제학, 최전방의 동향》, 《스라파와 가격이론》, 《평화의 경제적 결과》, 《자본축적론》(출간 예정) 등의 번역서도 출간했다. 이 중 《포스트케인지언 내생화폐이론》과 《스라파와 가격이론》은 학술원 우수학술도서로 선정됐다. 2003년에 한국경제학회가 수여하는 제20회 청람학술상을 받았다.

원서발췌 고용, 이자 및 화폐에 관한 일반이론

지은이 존 케인스
옮긴이 박만섭
펴낸이 박영률

초판 1쇄 펴낸날 2012년 9월 28일
개정1판 1쇄 펴낸날 2026년 2월 26일

커뮤니케이션북스(주)
출판등록 제313-2007-000166호(2007년 8월 17일)
02880 서울시 성북구 성북로 5-11
전화 (02) 7474 001, 팩스 (02) 736 5047
commbooks@commbooks.com
www.commbooks.com

지식을만드는지식은
커뮤니케이션북스(주)의 고전 출판 브랜드입니다.

ISBN 979-11-430-1825-0 03320

책값은 뒤표지에 있습니다.